百利占卜師實錄

千禧年代尖沙咀百利商場塔羅師自傳

怨女痴男、靈異奇人、悲歡離合

吳十三

目錄

自序

上年本【廟街占卜師實錄】出街前冇耐，有另一位朋友幫我睇西洋星盤。如上次一樣畀咗個人資料佢去算。

友：「喂，你要寫嘢出書的話，係得呢幾年㗎咋，再唔寫唔使旨意寫落去呀。」

我：「盡量啦，我盡爆啦。」

本書出街後，外圍反應睇嚟尚算唔錯，直到今年仍然有呢本書嘅相關訪問邀請同 ig 推介，我都冇諗過隔咗半年都有人記得呢本書；至於銷量方面，老總話以新人嚟講，呢個數叫得做可以。當我返到香港，親自踏足各大書店觀察銷情，有好幾間門市嘅職員都聲稱要返貨先有，咁都老懷安慰冇咁驚，我不知幾咁擔心搞到老總要蝕本，而家過到骨就「阿彌揭諦」還得神落囉。

今年過完農曆年冇耐，同老總 Google meet：「上年唔錯㗎啦，今年又嚟一本啦。」

我：「嚟啦！搞掂畀你！」

男人講嘢就係咁簡單，一係就做，一係就唔做，快人快語，無需轉彎抹角。

可惜嘅係，今年要兼顧新加嘅工作，負擔同年紀同時變大，身體問題逐漸浮現，寫作明顯困難咗好多，擺上 fb 嘅文章迫不得已由每個星期一篇改成每十日一篇，還好係仲負擔得來。

開始諗返起之前個朋友所講嘅嘢……我仲寫得幾多年？

又咁講，小弟家陣嘅意志都仲非常堅定，暫時仲未有事可以動搖到，一日未死，一日都會寫落去嘅，儘管可能每日只得三兩百隻字，每日堅持落去的話，總有日完成到一篇文章出嚟，何況仲有好多 topic 係想寫。

其實，邊使考慮咁多？盡心盡力，無愧於心已經可以。

今次呢本作品係上年【廟街占卜師實錄】嘅延續，由【吳十三之出賣土壤系列】裏面嘅【百利篇】輯錄成書。

我幾鍾意【島耕作】系列嘅改名方法，改個牌頭就係另一個系列嘅故仔，我照用呢方向去改第二本書個名，所以第二本作品就叫做【百利占卜師實錄】。

其實當初喺 fb 刊登【百利篇】嘅時候，同期亦有【流浪篇】雙線推出，而今次呢本只出【百利篇】呢部分。

其實，而家有幾多個後生係去過百利商場？唔係銅鑼灣嗰幢金百利喎？猶記得當年有個生客走咗去金百利話搵我唔到，然後打過嚟問我個舖喺邊！

兩個幾月前返過香港，去行一轉百利影幾張相做參考，啲舖仲吉過我當年擺嗰陣，就算有做生意嘅都轉晒型賣結婚用品、姊妹裙之類，做占卜嘅舖頭得返好少，見到咁眞係有啲唏噓。

百利商場喺九十年代可以話盛極一時，同隔離嘅加連威老道、利時商場合稱「潮人集中地」，有唔少年青嘅時裝設計師都會喺呢幾個地方設店，仲有其他日韓時裝店舖，嗰陣絕對稱得上係風光嘅年代，甚至據聞香港第一個塔羅占卜師都係喺百利商場發跡。當踏入千禧年代，市道開始蕭條，唔少舖頭結束營業，十室九空，當時廟街又出現問題（想知乜事就睇返【廟街占卜師實錄】啦），我就趁呢段時間啲租平就開始搬上舖。

由廟街轉戰百利，由街檔搬到上舖，聽落好似「升咗呢」，事實係要應付唔少新麻煩，例如租金已經係其中一個壓力來源，交通不便引致人流少亦係困難之一……

仲有就係，百利商場本身就有不少靈異事件，我自己就「好少」遇到，但唔知係咪因為有咁嘅特質，就會惹嚟更多同頻率嘅黐線人走過嚟，變得個情況更為複雜……

同之前【廟街占卜師實錄】一樣，都會有未出街嘅新文章，咁舊看倌就唔會只會睇到我已出街嘅舊文，亦會有新鮮體驗。

如果閣下係新看倌，對塔羅占卜有興趣甚至打算投身呢行嘅朋友，呢本書可以大概畀你地知道做呢行會遇上啲乜嘢麻煩事。當然，最好買埋之前嘅【廟街占卜師實錄】一齊參考啦，嘿嘿。

最後點都要鳴謝不同程度支持為弟細佬嘅上下各位。今次唔打算落名，因為人太多，我怕寫漏呀，呢啲嘢在心中啦。

嚟，等十三叔叔帶你地去廿年前嘅百利商場行個圈！

吳十三
二零二五年五月十日未時 寫於台灣新北市新莊區

百利篇

一・唔生性嘅未婚媽媽（上）

「百利篇」同「廟街篇」除咗地理上環境上唔同之外，重點就係百利商場本來就有「猛鬼商場」嘅稱呼，而我三不五時就會喺淩晨返去舖頭，所以喺其他人嚟講算係特別刺激好玩，而呢篇第一篇都唔例外。

有晚近十二點，我收完舖，都差唔多行到返屋企咁滯，有個生客打電話嚟做 booking：「你係咪十三哥呀？我係 XX 介紹㗎，想問吓而家有冇時間呀？有啲嘢我都幾急想問。」

啱啱開舖嗰期，老實咁講，啲生意確實唔係太掂，好多時日頭份工出糧就要交舖租屋租，咁就一 Q 清袋空空如也。所以有客我都盡量做，搵得幾多得幾多，淩晨有 call 都要照樣出去，唯有照接。

「得啦，而家即刻出嚟，喺百利閘口等，廿分鐘到。」

剛好趕到最後一班 28 號巴士，十分鐘左右就去到科學館。行到去百利，已經見到個客企喺度等，係一個廿歲頭 MK 妹，一頭染金長髮，着住 oversized tee 同牛仔熱褲，係青春無敵但感覺上同佢溝通唔到嗰種。

佢見到我嗰陣就彈走個煙頭自動行過嚟，對住我點一下頭，半句都冇多講，一於唔理咁多上到舖先慢慢傾。我敲敲敲度鐵閘，叫保安阿哥開畀我，個客就跟住上嚟。呢個係百利嘅少數嘅好處之一，就係淩晨都入得去開舖做嘢，其他商場好多時都唔可以咁做。

入到舖開燈，大家坐低，先睇得眞佢個樣，只能叫後生妹夠嫩口但唔會同佢過人世嗰種，佢副 baby face 同一身煙味極度唔匹配。

「我可唔可以食煙？」呢句係佢第一句嘅說話。

「食啦，夜麻麻冇人睇到，不過對出噴啦，而家咁夜冇咗中央冷氣會焗住。」我順手遞個「米缸」畀佢，佢接住後就開始點煙。無意中睄到佢俾煙燻黃嘅指甲，就知佢煙齡唔會短得去邊。

「做乜咁急趕呢小姐？」

「唉，煩呀。就係急先至搵你嘛。」

「所以就係問妳今次急乜嘢囉。」

「我想問……而家我就有咗，我好冇落咗佢？」

在我嚟講，呢啲問題其實好鬼多餘。「呢類問題我唔會答㗎喎，妳絕對可以自己決定點樣處理，點解要將呢啲人生大事一腳就踢畀我去幫妳扑槌呢？」

「師傅，我諗到就唔使搵你啦。」佢邊講邊用枝煙仔指一指我，然後瞇住眼扯一啖煙，我唔太識形容呢種同佢年齡完全唔夾嘅滄桑感係點，總之感覺好古怪。

「好，咁妳畀個理由我，點解自己落唔到呢個決定呢？」

「條仔話同我結婚呀，話負返責任喎。」

「咁即係其實只係問佢係咪一個真係會負責任嘅人啫係咪？如果係，即係妳會生，否則相反，係咪咁？」

「都係咁上下啦，是撚但啦。」佢邊講邊戳煙灰，嗰吓手勢認真熟練。

咁我單係睇佢兩個嘅感情就得：

女：Lover + 聖杯三
男：聖杯皇后
兩者之間：權杖五
最後：倒 Hierophant + Devil + Tower + 劍九

抽四隻變咗要抽八隻先停到手，精彩，亦係我預期之內。

再開一舖當事人自己：

倒 Empress - 倒 The World — 倒金幣皇后

哇，呢條女落仔落到滑晒牙㗎喎。

「第一，佢最初眞係會好沉迷妳，但衰嗰個係妳喎，成日偷跳，一睇就知妳已經偷跳唔少次啦……」

佢隨即向舖外吐出白煙，同對情慾嘅態度一樣咁輕描淡寫。「咁出得嚟自不然間唔中玩吓，好小事啫，俾人溝梗開心㗎喎。」

我吸一大啖氣接住講：「……第二，妳講大話渣到爆，好容易就穿煲，佢知道實情的話隨時打到妳仆街喎；第三，到時係妳覺得佢煩，係妳飛佢喎，咁佢有冇責任感又關乜事呢？因爲妳個責任感仲低過佢，妳有排未玩夠啊阿女。」

佢話咁快就扯完一飛，接住又點第二飛。仲記得當時佢打火嗰吓好型，係反手拎火機用手指尾撻嘅，後來先記得原來「古惑仔」電影其中一套，謝霆鋒有份拍嘅前傳裏面，佢打火嘅姿勢就係咁嘅樣。

「……第四，妳夾公仔都有唔少次，妳唔驚㗎？」

「慣啦！你又知？你點知？」

「三次囉，睇到囉。」

我不期然將個視線望出舖外，佢以為我見到之前落咗嘅嬰靈，嚇到佢即時跑咗出舖外面鳩叫狂奔，連枝煙都拋埋落地。

我向住走廊度大嗌：「喂，返嚟，妳返嚟！返嚟先！」

「你話你見到佢哋嘛！」佢個樣勁慄，面都青埋。

「藕仔筋，我話我睇牌睇到呀！妳又話慣啦唔淆底嘅？」

「屌！我以為你見到呀，你眼定定咁望住出面！」佢一路嗱嗱尋尋，一路慢慢行返過嚟。

「我睇牌眼攰要望返啲遠嘢之嘛，咁就淆底！」

佢終於坐返埋位，我繼續講：「……喂，我見唔到啫，妳點知佢哋唔喺呢度呀？妳點知佢哋係咪仲跟住妳㗎？妳咁撚驚就咪成日俾仔中出啦，連幾餅嘢一個膠袋都慳返，出事咪要使一萬幾千返深圳夾公仔囉，然後自己又驚餐飽，妳話妳係咪搵嚟煩丫？」

「唉，咁條仔話唔俾佢環保就唔愛佢丫嘛……」

「屌，問心，唔通妳眞係好愛佢咩，第日妳咪又同第二條仔扑嘢，阿女妳咪撚玩啦。」我已經用緊半責備佢嘅語氣同佢講，佢個樣仍然不以為然。

我繼續：「只能夠話，妳家陣呢個狀態眞係非常唔適合生佢落嚟，因為你兩個都冇做老竇老母嘅準備，自己都冇能力養自己仲話生佢出嚟？生佢落嚟必定俾你兩條友害死，你兩個啲感情又勁反覆又 keep 唔長。好彩嘅話，佢一出世就喺單親家庭度長大，而佢一定憎死妳；唔好彩嘅佢一出世就做孤兒仔女憎死你兩個，咁不如要佢下世再嚟投胎好過。家陣我戴定頭盔先，妳生定唔生都係由妳自己決定，我只畀雙方嘅可能性出嚟，並唔係我叫妳咁做，而係要妳自己返去決定最後應該點處理。」

勉強叫搞掂佢，終於可以返去瞓。但係，幾個月後，佢整單更爆嘅嘢出嚟⋯⋯

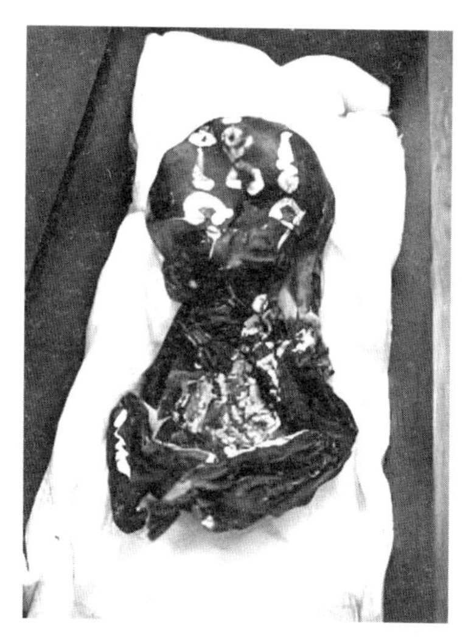

二．唔生性嘅未婚媽媽（中）

有看倌已經大概估得到呢個 MK 妹會做啲乜出嚟，但我相信今次比你地想像中更黐線。

幾個月後，佢又喺凌晨打嚟搵我，不過今次更夜。

「十三師傅，而家可以出嚟嗎？因為一定要呢個時候我先出得嚟，所以搞到咁夜，真係 sorry。」

好彩已經係星期日，我唔使返工，何況真係窮，所以頂硬上都照出，為錢交租真係冇辦法。除非有父蔭老竇剩落，否則大家唔係為供樓就係為交租煩惱，呢個可以話係香港人嘅最沉重嘅悲哀之一。

又係好似上次咁喺百利門口等，見到佢明顯冇錢再染髮，剛生出嚟嘅黑髮都佔頭頂幾大部分；而今次衣着比上次更 MK 更大膽，係一件低胸到差不多見到「人」字嘅大圓領背心，下半身除咗牛仔超短熱褲之外，雙腿仲有大格魚網襪，少啲定力都出事。不過佢個樣同上次有少少唔一樣，嗰個位置又烏燈黑火，根本就望唔清楚，所以都係同一句「上到去先慢慢傾」。

入到舖，一開燈，我真係俾佢嚇親……佢個眼圈大到好似俾人執咗一劑打中兩拳咁，眼白起晒紅筋，好得人驚。

「哇，阿女妳搞乜撚嘢？」

「我瞓唔撚到呀……」佢指住放喺牆角嘅「米缸」嗌我：「……喂借嚟丫！」

我屈身拎起遞畀佢。「做乜會咁？妳過搞乜嚟 ？」

「唉我都唔知呀……」呢頭講完，嗰頭佢就打咗一個好大嘅喊露，完全唔 mind 自己形象崩壞，就算一身性感打扮都搞到好滅火。

「咁今次搵我做乜呢？」

「問錢嘅問題呀。」佢邊講邊點煙。

「妳做乜咁等錢用？」

「唉，之前夾公仔咪跌錢囉。」佢眉頭一皺，索咗一口好大嘅煙。

「咁都係幾叉嘢啫，做乜搞到咁窮？」

「因爲……做咗兩次……」佢把聲越嚟越細。

「點兩次法？乜要分兩次做嘅咩？」

「我……有咗兩次。」佢講呢句時特別細聲，顯得心虛。

「吓？兩次？妳上次落完之後又再有，然後又落？」

「係呀，幾日前先再去。」我聽完佢咁講眞係呆撚咗 O 咗咀。

「唔夠半年有兩次落兩次，妳個肚究竟乜嘢構造㗎？」我擰擰頭再講落去：「上次先叫咗妳唔好慳嗰幾餅嘢咁環保，轉頭又搞出人命……」

「我點鳩知啱啱夾完公仔咁快就有嘅唧……唉！」佢語氣有多少係發緊脾氣。

「妳又唔知自己當黑，好嘢就唔見妳一炮雙響，衰嘢就一不離二，好心妳扑少陣得嘢唔得呀？」

「唉，我想嘅咩……」

佢咁講我頭都痛埋。嗰刻眞係唔係好想幫佢睇牌，勉強開一隻略略睇佢財運：

Devil + 倒 Hierophant + 倒 Empress + Lover + Hermit + 倒 Sun + Moon + 倒金幣皇后

哇黐孖筋，抽一隻搞到要抽八隻，乜嘢事呀？今次應該係我第一次連開八隻嘅 case。睇完呢堆牌，我終於明白點解佢會有得咁密。

「妳……做乜唔見得光嘅嘢？跑私鐘呀？」

「唔係私鐘，係援交！」

「援交」呢個詞語喺當時嘅香港都係剛剛流行一段短時間。「援交」係「援助交際」嘅縮寫，本來係指「未成年人爲咗獲得金錢而答應同成年人約會」。從字面上理解，呢個行爲係同性接觸毫無關係，但係而家呢個詞語俾人扭曲成「未成年人自行搵客人進行性交易」嘅代名詞，甚至已經唔再用年齡去區分。

「我知呢兩者之間係有分別，但到最後都冇分別，都係上床囉係咪？Ok，我完全唔歧視妳做呢種工作，某程度上我仲有啲敬佩，但唔好低能到爲咗賺多少少就俾客中出，然後再花錢睇醫生，妳咁樣賺埋都唔夠蝕呀！」

「知啦！長氣阿叔！」而家搞到我好似幫人教女咁款。

「喂，妳都想拿拿臨有工開還到錢㗎，一次出事就一頭半個月開唔到工，跌咗幾多錢妳冇可能唔識計，自己諗喇，唔長氣嘞。」
我完全知道援交並唔係一個正當而長久嘅工作，但佢家陣咁嘅死款仲可以做得乜？只能望佢有日自動醒覺，有第二啲技能可以跳返出嚟做返正行就算。

「十三師傅，想問你啲嘢，唔知關唔關你呢瓣事。」

「吓？乜事呀？妳講出嚟我先知自己知唔知㗎喎。」我講完呢句，佢不顧儀態咁就喺我面前伸手入大圓領背心度，喺條波罅度係咁撈係咁撈，最後搵咗一個有啡紅色液體嘅透明膠殼吊墜出嚟。

「想問吓『佢地』幫唔幫到我搵錢？」

佢地？點解佢會用「佢地」形容呢個吊墜？

我接過吊墜，睇真啲先知大鑊……啡紅色液體浸住嘅明顯係死胎，都估到唔慌係正路嘢，但最驚嘅係，裏面兩個死胎係互相攬住對方，佢地中間好似有個好細嘅經文卷軸之類嘅嘢一齊抱住咁，頭頂上都貼咗有符咒喺上面嘅金箔。在下自細睇呢類恐怖人體標本都唔係少，但將兩個胎放入同一個防水殼度嘅真係未見識過，我幾懷疑呢個姿勢唔係自然而成，而係俾人刻意擺成咁。

「妳邊度搞啲咁嘅嘢返嚟？」

「咪就係上次見你嗰次囉……」

「咩……哇？係妳嘅？仲係孖仔？」乜嘢「鬼仔」、「古曼」、「碌葛」大部分我都見識過，但用自己落嘅孖胎嚟整我真係第一次見，仲要而家就喺我手上拎住，對我來咁做法講實在太瘋狂。

「係呀！」佢口爽到完全毫無悔意。

當時我真係火都起埋，當刻就指住佢狂鬧：「屌你老味妳係咪黐撚線㗎！佢地已經出唔到世，死咗都仲要俾妳繼續壓搾？妳係咪有病㗎？」

「喂，我係佢地老母，佢地冇理由唔幫我啫！」

「妳眞係黐撚線㗎！畀着嗰個係妳老母，佢咁對妳嘅話，妳仲肯唔肯繼續幫佢丫？用吓個腦都知啦！」

「阿贊教咗個控靈咒畀我，叫我每晚對住佢唸……」

「我話妳知，控靈咒個作用就係要逼佢兩個幫妳做嘢，佢地唔幫妳就會好痛苦。咁如果妳俾妳老母逼妳幫佢搵錢，咁妳開唔開心丫？妳會唔好憎妳老母丫？」

「話晒我係佢地老母丫……」

「嘷，唔使講嘞，我唔會歧視妳出嚟做，但我會歧視妳咁樣對自己仔女，妳唔好好處理佢地，以後唔好搵我，走！」

我即時熄燈落閘收舖，趕咗佢出舖，今次我眞係好嬲。

只能夠話，呢條女好彩冇生落嚟，否則佢應該夠膽死賣咗俾人或者逼仔女做犯法嘢，呢幾個小朋友出唔到世都未必唔係好事，有個咁嘅老母而仲半死不活咁生存緊先至受罪。

呢個客我已經好耐冇見，可能佢根本冇聽我講，繼續勞役緊呢對小朋友，又或者係嬲我唔認同佢。幾年後，我喺介紹佢嚟嗰位客人口中得知佢下場好折墮，咁佢有呢個下場其實又好合理。

丫，我爭啲唔記得寫佢更黐線嘅重點。之前介紹佢嚟搵我嗰個客，同我講佢之前落咁多次，原來都有留返起啲胎，最後都係帶去畀某啲巫師去做同一類古靈精怪嘢，咁就唔怪得佢對眼圈越來越誇張。

三 · 孿童癖嘅姑姐

正所謂「人不可以貌相，相不可以貌人」，正如大把人都唔知我呢個狂野麻甩佬係鍾意粉紅色甜品一樣，我嘅客人中當然有唔少都係個反差大到嚇死人。

都係嗰句，喺百利開舖，總係好多客人都中意凌晨過後先約我卽出，九成都係貪我呢度夠靜又隱蔽，因爲好多人好多事都係唔見得光。

呢晚又有一位咁嘅客人約我：「你好呀十三哥，我係 X 小姐介紹㗎，請問而家方便占卜嗎？」

一來我啱啱交完租堅窮，二來已經係星期六，我唔使返工，重點係佢把少女聲幾好聽，搞到我幾想見吓佢，所以我決定接呢個 order：「妳唔 mind 就喺百利閘口等廿分鐘，我盡趕過嚟啦。」

還好僅僅趕得切最後一班 5 號巴士，否則我就要徒步行過去尖東。到咗閘口，見到一個廿歲頭嘅少女，喺呢個年代嚟講，佢個樣同而家啲地下女子偶像團體近乎一樣，係非常可愛嘅類型。

「哇你好啊十三哥！仲以爲你唔會肯咁夜出嚟！」佢把聲眞係好似日本偶像打招呼方法。

「出得嘅我都盡量出㗎啦，上到舖先再講啦。」我敲敲鐵閘示意保安大哥開閘畀我入去。

入到舖後，開着幾盞小太陽射燈，先見到佢眞實樣貌，靚到眞係有啲誇張，細細粒眼大大嘅妹妹樣，好似動漫裏面跳出嚟咁，衣着雖然不致於係 cosplay 服，但一身美化版嘅水手裝眞係不得了，超養眼，係回頭率撞柱率極高嘅類型，真係搞到本叔叔心如鹿撞。

「小姐做乜會咁夜約我？」

「唉……瞓唔着，心煩啊！」

「咁有乜事令到你咁煩呢？」

「你……唔會講俾人知喎㗎可？」

「客人私隱我唔講嘅，想死咩。」

「你真係唔好講喎。」

「當然當然。咁……今日妳嘅困擾係乜呢？」

「我……真係唔講得俾任何人聽，因為一講出嚟會好大鑊，但……真係唔知點算啊……」佢一邊講一邊開始眼紅，同頭先活潑少女模樣完全唔一樣。

我自己洗牌自己抽三隻，睇下佢發生乜事：

聖杯侍從 - 寶劍侍從 - 權杖侍從
我將成疊牌反轉露出底牌，**底牌係** Lover。

呢幾隻牌搞到我頭上好大個問號，完全唔知發生乜事，唔解住，放埋一邊先。

我遞盒紙巾畀佢，佢接住。「咁呢個秘密……而家邊個知？」

「冇人知……一陣我講出來就多一個人知。」

「Ok。咁係乜嘢事？」我指住已經開咗嘅牌繼續講：「老實講，我揭咗呢幾隻，仍然唔知妳搞乜，似感情又唔係感情，似多邊戀又唔似，似多追求者要妳揀又唔似。」

佢沉思咗一陣再講：「其實你都講啱晒喍，我都唔知點分類，我驚你會話我變態。」

「傻嘅，幾變態嘅客都見識過啦，妳可以有幾變態丫？」

「我講完你眞係唔好鬧我喎。」我睇到佢眼中眞係有一絲絕望嘅恐懼。

「得啦，妳搵得我，我就盡量同妳拆掂佢。」

我講完，佢就吸咗好大口氣去提起勇氣訴說自己嘅黑暗故事：「我……同咗個阿哥個仔搞。」

「阿哥個仔……卽係妳係姑姐佢係侄仔……搞咩？」

佢再次吸一口氣，然後講落去：「……做咗。」

「妳指……上床係咪？」

「嗯。」佢用力嘟住個咀唔畀自己喊出嚟。

「咁……卽係亂倫 case 啦。佢幾大呀？」

「十……十歲。」佢講到呢度特別細聲，睇嚟佢眞係好驚我會鬧佢。

「咁樣樣……」我聽到佢咁講，皺咗一下眉頭。「咁我而家明白點解妳頭先擔心啲乜。」

我個腦消化咗一陣，然後再問：「講唔講得妳點解會同佢做咗？」

「我真係唔知呀……我都唔知點解呀……」佢終於忍唔住爆喊。

我趁佢發洩情緒呢一刻，自己再開一隻睇個情況：

Lover + 聖杯侍從 - 寶劍侍從 - 權杖侍從

再一次將成疊牌反轉露出底牌，**底牌係 Devil**。

喂，同頭先嗰鋪冇分別咁滯㗎喎，連擺位意思都近乎一樣，但好似事實比佢所講嘅更嚴重。

「咁……妳同佢做咗幾多次？」

「……幾次……我控制唔到自己啊……」佢雙手掩住自己塊面痛哭。

聽到佢咁講佢我頭都赤。我再開多三隻睇下佢呢個行為嘅原因：

Empress + 杯六 - 聖杯侍從 - 金幣侍從

開幾次牌都有出到 page，仲出齊四隻，頻率高得有啲誇張，係幾唔正常，輪到我有啲迷惘，只能叫大概有個譜。

「開幾次牌，關係到人物嘅宮廷牌，都係出啲年紀細嘅人……想問一下之前有冇拍拖？」

佢抹乾眼淚同我講：「有啊……我接受唔到。」

「點樣接受唔到法？」

「我有好感嘅男仔，如果見到佢有鬚根，我就即刻唔中意佢。」唔怪得全部都出啲 page 牌啦，謎底終於解開咗部分。

「妳……明顯係對幼齒有過份嘅痴戀。某程度上妳唔想長大，妳唔想面對成熟呢個必經之路，所以就投放咗呢份心情落佢地度，又夾雜住情慾所以先變得咁混亂……但殘忍嘅係，人係必須長大，冇得妳逃避，亦都需要承認自己嘅錯誤。」

佢又爆喊。「其實……佢有個孖生細佬，兩個都……」

「都……搞……咗？」我怕我自己 get 錯，所以都問得好小心。

「……嗯。」聽到佢呢個回覆後，我眉頭比之前皺得更誇張。

「係點情況？」

「上星期六，我帶佢哋上嚟我屋企玩，點知就……」

「Um……兩個一齊？」

「……係。」呢個 case 真係幾令我震驚。

我大腦再用一分鐘消化個狀況，其實都唔係好消化得到乜嘢事，不過仍然繼續問落去：「事後你哋點？」

「佢哋好似冇乜嘢咁，又回復如常。佢哋應承我唔講出去，返到屋企又真係冇事。」

「咁妳自己呢？事後又覺得點？」

「嗰陣真係好舒服，但一做完就……好後悔……」佢再次抱頭痛哭。

呢個 case 好嚴重，集亂倫加變童加群 P，如果向外公佈的話佢必定被控，坐監機會都非常大，一世人咁就玩完。明顯佢係心理有好嚴重嘅扭曲，係需要接受治療。

「妳有冇打算睇醫生？」

「我唔敢……我就係驚醫生會報警，所以先搵你啊！」

咁又輪到我再次頭痛，我輕輕敲後頸幾下。

「還好係，妳明顯知道自己有問題，咁係好事。我提出幾個建議畀妳，希望妳可以做到：
一、唔好再見妳對孖生侄仔，直到佢地十八歲；
二、盡快離開香港；
三、喺外國接受治療，講明先，厭惡療法係好辛苦㗎；
四、認識多啲年紀比妳大嘅男性，擴闊生活圈子。
咁呢幾個 point 妳做唔做到先？」

「都啱嘅，其實我係有打算過兩年先去外國讀書，咁不如而家就去。」

「咁去做啊，要盡快啊。」

兩個月後，佢同我講好快就去得美國。

其實呢類 case 係比想像中多好多。寫呢篇文章之前搜集資料，我從唔少朋友中聽過各種 case，都係喺青春期前後啲時候有被大姐姐唔同程度侵犯嘅經驗，有同佢補習嘅 Miss，有學校 Miss，有課外活動嘅 Miss，甚至只係大家搭同一部 lift 嘅同座鄰居，街童中嘅「契姐」都有，呢種 case 中嘅侵犯者並非男性專利。

我阿婆死前成日同我講嘅說話係「一百歲未死都有新聞聽」，何況我而家都只係四十有六，一半都未到，應該仲有更多令我眉頭皺得更加緊嘅新事物會喺未來嘅日子見識到。

四・鍾意咗我嘅妹豬

雖然在下從事塔羅占卜呢行已經廿一年，但係正式教塔羅都只係上年先開始嘅事，有讀者問我點解隔咗咁多年先開始教人，其中一個原因係「有陰影」。

其實之前唔係冇收過學生，但自從收咗第一個之後，我就決定唔再收，隔十幾年後嘅上年先敢「破戒」。

「十三師傅，收我做徒弟啦，我眞係好畀心機學㗎。」今次係佢第三次嚟問我。

呢位小姐廿歲頭，對 we wun 嘢好有興趣，但性格偏向神化神經質，呢種類型嘅人我一向都好驚，因爲佢地嘅邏輯思維太過跳脫，完全冇得估佢想點。

佢第一次嚟到係以新客人嘅身分約我，當時見面其實都好一般，但的確解決咗佢某啲問題同累積咗好多年嘅心結，搞到佢激動到淚流滿面。喺會面最尾嗰陣，佢向我提出「收佢爲徒」嘅要求。

「第一，我唔收徒弟㗎喎；第二，我教唔到妳啲乜㗎喎；第三，妳諗清楚先啦。」講完呢句之後，總算勉強打發到佢走，我以爲佢唔會再問我呢個問題。

隔咗幾星期，第二次佢又約我占卜，占卜就當然照做啦。佢嘅問題，基本上係重覆上次嚟搵我嗰陣嘅低級錯誤，根本唔應該再犯，只因係佢一路以來嘅感性搞到再次犯錯。呢次又係結束嗰陣搞到佢痛哭流涕，好彩之後冇客嚟，否則就嚇親人；同樣，佢又係臨走時叫我收佢爲徒。

「第一，我都話我唔收徒弟咯；第二，我真係教唔到妳啲乜㗎喎；第三，妳真係諗清楚先啦。」我講完之後，又係總算勉強打發到佢走，但我已經覺得佢怪怪地。

之後嘅日子，有時收工後上百利開舖，都發現有啲嘢食擺喺門口度，冇耐就收到佢個 SMS 自己認頭。咁啱路過擺兩三次可以當巧合，但係幾個星期都係咁，我好難唔在意。

跟住有一晚，我喺舖度做緊枱客，佢突然喺我舖頭前經過，向我揮手之後就走咗去，然後我就收到佢個 SMS：「你做完個客我再行過嚟。」呢一句說話其實好正常，但呢個 moment 呢個氣氛加上呢個情況，我好難唔聯想到其他嘢。

做完呢枱客佢就走入嚟坐低。「妳……做乜無端端走嚟？」

佢拎住 Pie & Tart 個膠袋放上枱面：「我買嘢畀你食囉！食丫！」

「妳又係咁？」

「咁我經過丫嘛，順便問你啲嘢。」

我開始有少少唔耐煩。「妳又問呀？」

「十三師傅，收我做徒弟啦，我真係好畀心機學㗎。」

「唔好叫我做師傅，好大壓力。」

「咁即係我唔叫你做師傅，你就肯教我？」

「妳跟我學，會好辛苦，妳真係頂得到先好。」我都唔知算唔算係「雞批打人牙骹軟」定係被佢誠意打動，但最後我都係應承咗教佢。當然，嗰陣其實都唔係咁願意教，因為眞係冇乜好教。

之後佢耐不時就喺我間舖到出現，每逢係客與客之間嘅空餘時間，我就教佢基本牌義，有客嗰陣佢就坐喺舖頭外邊偷聽同溫書，間舖實在太細所以根本冇辦法叫佢睇我點樣做客。

其實喺呢方面佢幾冇天份，只能夠話佢對占卜玄學宗教有興趣，但對圖像冇乜感覺又冇聯想力，所以只可以一味死背牌義，背到好似中學生讀書考會考咁，見到佢刨 notes 個樣，搞到我諗返自己喺學生年代嘅 PTSD 症狀都出返嚟咁滯。雖然係咁，佢都堅持咗成個月，但只能勉強學晒廿二隻大牌嘅基本牌義，而我因為連空餘時間都畀埋佢，所以搞到嗰排都幾攰。

有一次，我攞返個客個 case 做例子，要佢解讀畀我聽，起碼都畀我知道佢個進度同學成點先，都預咗佢唔會解得特別好，但係佢近乎唔識咁，連作個答案出嚟都作唔出嗰種。

「小姐咁樣妳好難搞喎……」

「我眞係好畀心機㗎……」佢一邊講，一邊捽眼。

「我知妳好畀心機，唔係都唔會成日過嚟，但天聰呢家嘢，基本上後天冇得變……」

「你咁講卽係唔想再教我呀？」

「妳肯學我當然照教落去啦，但係妳而家咁樣刨法，我見到妳咁戥妳辛苦咋。」

「你唔好唔要我呀！」佢突然爆喊，仲攬住咗我，我俾佢呢吓嚇親……

之後我話有個客好夜過嚟，我留喺度做埋先走，叫佢早啲返屋企休息。隔咗唔夠三個字，佢 send 個 SMS 嚟：「以後我會乖㗎啦」。呢個 message 字面上已顯得唔太正常，態度上有啲曖昧，心諗「今舖唔係中招呀嘛？」。

其實當晚根本冇客會到，我只係坐喺間舖度諗應該要點處理呢單嘢。本來我盡量唔想咁做，但見到佢家陣咁的話，都冇辦法唔爲佢呢一連串行爲開舖牌睇睇：

寶劍六 - Hierophant + **權杖皇帝** - Lover + **聖杯** Ace

唉，今舖仆街鳥，佢眞係鍾意咗我，仲要係由崇拜方向變成自以爲鍾意，頭痛啊。

當晚十一點幾收舖，打算返去屋企先諗，點知佢突然又喺舖外出現，佢應該冇離開過百利商場，今日俾佢嚇第二次。

「你又話有客嘅？」

「個客放咗飛機，甩咗底呀。」

「你講大話！你想避我之嘛！」

「喂妳乜嘢意思呀？」

「你……知我鍾意你㗎喎。」

「我剛剛先知。」

「所以你就要避我係咪？」

「…………」第一次俾佢篤到我窒咗，還好勉強兜得到落去：「我唔需要避妳，我只係要研究一下點同妳傾呢件事。」

「咁你要同我傾乜丫？」

「妳叫我教妳，係因爲鍾意我？」

「唔係，係之後先開始有。」佢雙眼開始通紅。

「但係……我對妳冇感覺，當妳係學生咋嘛。」

「……點解呀？你又冇女朋友，又冇結婚。」

「同我係咪單身冇關係㗎喎，唔鍾意就唔鍾意㗎啦，邊有得解㗎？妳理性啲好冇？」

「嗚……」佢掩面痛哭，而我表示無奈。

「妳跟我學得牌都成個月，或多或少都應該知道感情事係冇得勉強，監硬嚟只會悲劇收場，而妳到而家都未明呢點的話，其實……」

「我只係鍾意你啫……點解鍾意人都好似有錯咁嘛……」佢喊得更加大聲，好彩當時啲舖已經收晒，我呢檔係最後。

「我就係唔要妳鍾意我。如果妳仍然係咁，咁妳唔好再嚟嘞。」

「咁你即係趕我走啦？」

「我冇趕妳走，只係想妳明白事實。要走或留，自己諗。」

佢突然喺袋抽副牌出嚟。「你抽一隻丫。」

我叫人抽牌就正常啫，而家掉轉俾人叫抽牌，個感覺實在奇怪。

「要我抽？妳問乜呀？」

「問我仲繼續跟你學牌好冇。」

「咁點解妳唔自己抽？」

「因爲呢副牌係我嘅，我想你最後一次解牌我聽。」我都無謂再同佢爭拗呢個唔係理由嘅理由，就抽吧。

聖杯八。好彩係呢隻。

「好明顯係妳不滿現狀而自行離開，喺度妳唔會獲得自己想要嘅嘢。」我指住牌中唯一一個角色，就係半夜離開嘅人。

「好，明白，多謝你，再見。」佢擰轉頭，一邊捽眼一邊離開，同聖杯八裏面嘅人一樣失落咁遠走。

從此，我冇再見到呢位小姐，佢連電話號碼都換埋，再搵佢唔到。

我又做咗傷透少女心嘅衰人，唉。但係我唔咁做，只會害佢一世又害我自己一世，兩個一齊攬住死都有之。到而家我仍然希望佢明白當年我呢個決定，但感覺上佢已經嬲咗我，仲可能嬲到而家，但我諗唔到有更好嘅做法。

五 · 初入行嘅傳銷 sales

入咗呢行已經廿一年，幫襯過在下嘅客人人次，屈指一算大概都有五位數。有得咁多人嚟的話，當然乜嘢奇怪人種都可以出現，喺之前嘅篇幅都寫過唔少，今次就寫個應該都有唔少朋友遇過嘅品種，亦係我最討厭嘅品種之一。

有晚返舖頭開舖，冇耐就有個後生女走入嚟：「請問占卜即場有冇得做？」

嗰晚都冇 booking，喺百利呢啲死場，有生客撞入嚟係好難得，當然好啦。「而家得呀，啱啱開舖。」

叫咗個客入嚟，佢一身行政裝扮，睇落得十零廿歲頭，讀完中學冇耐嗰種氣質，套西裝同佢青澀嘅年齡極度唔相襯。

「想問吓事業。」

「問事業，小姐妳做盛行呀？」

「做……自己生意。」一聽佢咁講就有陣味。當然，牌就梗係照樣同佢開啦：

聖杯七 - 倒 Devil + 劍五 - 倒 Hanged Man + 倒金幣十

屌，一睇就知發埋啲自己做老細嘅白日夢，最後搞到一身債嘅傻妹豬。

「難搞喎，同啲合作嘅人容易反面㗎喎，會搞到好窮，小心啲揾 partner 啦。」

「都明嘅，呢行係好難做……搵日睇吓同你有冇得夾丫。」

「睇吓點啦，睇吓點啦。」我擺到明係 hea 佢，唔好俾我估中就係「嗰味嘢」。

兩三個月後，有個電話打嚟：「喂十三師傅，記唔記得我呀？」

「唏，日日都接咁多電話見咁多人，我點會記得？」

「你之前話同我傾合作嘅，不如上嚟我公司傾吓丫？」

「乜……我有咁講過咩？」當時我個腦仲係空轉中，load 唔到 data 出嚟。

「有呀，上次幾個月前我上嚟舖頭搵過你㗎。」佢咁講我先記得少少。老實講佢唔提起，我已經完全唔記得有件咁嘅事，而家都只係得依稀印象有條咁嘅女同我略略講過類似嘅事，連佢個樣我都諗唔返起，何況佢又唔係特別靚女，我當然更加冇晒印象。

「係？？？」

「係呀！一早約咗㗎啦 ，聽晚得唔得閒呢？」

諗吓呢排都冇乜客，不如上去搞吓事都好。

「咁得丫，聽晚邊度？」

「咁七點鐘銅鑼灣站 D2 出口地面等丫。」

第二日，我七點正就企喺嗰度等，冇耐就見到嗰位小姐出現，同行嘅仲有一個未戒奶咁款嘅後生仔，着住套唔啱身嘅西裝，成個相頭顯得十分滑稽，呆佬拜壽咁款。呢個牛奶仔應該係佢同事或者係所謂嘅「合作伙伴」啩。

佢指一指東角中心嘅入口：「師傅剛剛到呀？我地一齊上去先傾丫。」我只係點吓頭，冇出聲，跟住佢地搭升降機上去。

喺升降機裏面，可能見到我特別安靜，於是佢就是但搵啲嘢講：「你……做乜唔問我帶你去邊嘅？」

「我使乜驚？」我望一望佢，故意講大聲啲：「我吳十三要走，你地鎖得住我咩吓嘩？」

睇到佢面有難色，我所估計嘅事應該不中亦不遠矣。

上到大概六七層嘅時候，聽到有結他聲又有人唱歌，我嘅「天線」已經話我知呢啲明顯係洗腦團體嘅歌聲，咁又離我所想嘅又接近一步。

終於到嗰層，升降機金屬門一開，大大個浮誇俗氣兼語焉不詳嘅公司名稱出現喺我眼前，百幾張櫈同幾十張枱放咗喺度，最重要係一堆同牛奶仔一模一樣衣不稱身嘅「年青才俊」喺度左揗右揗，同埋明顯戇鳩鳩俾人昆咗上嚟嘅師奶阿叔坐咗喺度等洗腦，咁當然當中都有後生嘅。

「哇，咁～撚～唻勢嘅呢度！」我講完呢句，見到條女面色好曳，佢應該知道帶我上嚟係一個錯誤嘅選擇，但而家騎虎難下，焗住要諗辦法嚟「夾」我。

佢地兩個搵張空枱，然後示意我過去坐。

「師傅呀，sorry 呀，公司規矩，上到嚟要先熄手機。」

「熄手機？做乜事要咁？」

「我地講嘅嘢某程度上係商業秘密，所以……」

「哇！」我再一次越嚟越大聲，開大喉嚨嚟講：「乜呢度咁多秘密㗎？呢啲生意唔見得光㗎？咁神秘？唔似喎！」，見到其他「水魚」望過嚟，令佢地信心有少許動搖，都尚算係功德一件。

「唔係，唔想突然有電話打嚟，中斷對話啫。」見到佢塊面越嚟越黑但又奈我唔何，當時我真係幾想笑，但我要忍住先有好戲睇。

「咁閂咗把聲佢咪得囉，又使乜特登熄咗部電話呢？」佢反駁唔到，就只好睇住我 mute 部電話，但係天線位置係一格都冇，根本佢地就一早做好晒隔絕電波嘅準備，等上當嘅人求助無門，報警都未必有用。

「嗱，有乜而家就好講，我半個鐘後就走。」我指一指電話上個電子鐘。

「咁……快呀？」

「不外乎都係想 sell 我啫係咪？半個鐘頭你地都講唔到入肉的話，點出嚟撈世界呀？」

「…………」氣勢眞係好重要，咁樣拋佢地幾句，佢地已經唔知點繼續落去好。

見到牛奶仔拎定疊唔知係咪 note 嘅 A4 紙出嚟，我就對住佢講：「講啦，唔使慄喎，我等緊你表演呀。」

終於聽到條友口中發出嘅第一句聲。「阿……十三師傅你好呀，今次邀請你上嚟呢，就睇下有冇一啲合作空間嘅……」

「哦。然後呢？」我撟埋手洗耳恭聽。

「……咁首先問吓你丫，你有啲乜嘢人生目標想達到嘅呢？」

「出家。」咁樣答法，當然擺到明就係玩嘢。家陣在下已皈依佛法僧三寶，但都未敢有呢個咁宏大嘅決心啊。

「……吓？」牛奶仔即時 hang 機，佢遇着我都算冇運行嘞。

「我認真㗎，屌你係咪當我喺度鳩吹呀？」咁多年後嘅今日，我想話返你聽「係呀，當時我真係吹㗎咋。」

「唔係，唔係咁意思……咁講返我地呢邊先，我地公司嘅 plan 唔同其他同類型公司嘅做法，佢地好多都係太陽式，即係一個 account 對落有好多個下線，而我地同佢地完全唔一樣，我地呢個叫 2 x 2，又叫 Binary……」

「咪又係傳～銷～嗰類囉！」我講「傳銷」兩個字嗰陣特別大聲。

牛奶仔俾我咁撚法，開始謝謝地，但仍然繼續堅持落去，試圖說服我：「唔同㗎，我地係直銷……一個 account 最多只得兩個下線……」跟住佢就講一輪無傷大雅嘅規則之類，都講咗成十分鐘。

「咁十三師傅，而家我地講到呢度，你打算要開幾多個 account 呢？」

「吓？冇打算要喎，我嚟聽吓咋喎。」

「…………」牛奶仔又俾我撚到 hang 機。

「咁……唔知你覺得我地公司個 plan 有乜問題呢？睇下我答唔答到你？」

「我係覺得你地啲 plan 係極多唔清晰嘅地方呀，呢啲 account 咁都開得嘅？你地係咪呃人㗎？」我再次故意提高聲量，啲喺喀保安開始行過嚟監視我。

「咁……點唔清晰法呢？」

「嗱，細佬，師傅讀書唔多，maths 喺會考就直頭肥咗佬，但加減乘除數就點都識得計。家陣有問題要問你，我要你清清楚楚答覆我：第一，如果我而家呢刻開一個 account，呢個 account 會處身於呢棵『三角形樹』嘅第幾層？第二，你地公司而家有幾多棵呢啲『三角形樹』？將來會唔會再開『新樹』？會唔會通知所有 account 嘅持有者？嗱，問題得兩條，好容易答㗎咋，你答我唔到的話唔使再傾落去。」

我講完之後，見到佢兩個頭上出晒問號；條女亦知今鋪瀨嘢，開始行開，搵上線救命。

呢度我要解釋一下發生乜事，畀啲數口比在下更差嘅看倌瞭解清楚：

根本就好簡單，因爲呢間公司個玩法係一個上線就只可以有兩個下線，所以條數就只係 2 嘅 index，「樹頂」係 1，第一層係 2，第二層係 4，第三層係 8，第四層係 16……32……64……128……如此類推咁排落去嘅一棵三角形嘅「樹」。

假設呢間公司只設有一棵「樹」，全香港每個人頭都同呢間公司買一個 account，填到最滿同盡量做到平底的話，都只係廿五層未填滿(2 嘅 26 次方大概等於 671 萬，約莫等於當時嘅香港人口總和)，如果我個 account 層數位置太低，根本就冇肉食(下線買嘢我先有 bonus，而層數越低，我下線嘅 account 就只會越少，香港人口亦唔會突然多咗好多出嚟)；況且，公司爲咗唔派咁多 bonus 出嚟，佢可以用一招就係多加一棵「新樹」，而同你處身嗰棵「舊樹」完全冇關，咁新人加入就好可能俾公司撥咗去「新樹」嗰邊，咁我呢邊「舊樹」嘅下線就冇人再加入，我嘅舊下線唔再買嘢甚至唔再做落去的話，我根本就再冇新嘅收入來源。

再簡單啲咁講，我要賺到錢，我所持有嘅 account 就要位於「樹」嘅高層數，甚至係喺「樹頂」，仲要係「新樹」先得，而個 account 用得咁上下日子，下線會「老化」，棵「樹」嘅生產力只會一日比一日低，只能不停咁買新嘅 account 先可以繼續賺錢，但係你同我呢啲外人根本就冇可能買到接近「樹頂」層數嘅 account，「樹頂」嗰幾層普通外人唔可能接觸得到，因爲必定係油水最多，咁卽係無論你點努力都冇計囉。

牛奶仔拆唔掂，個腦不停空轉，塊面由黑變青，正想要搵救兵嘅時候，佢哋嘅「上線」就行咗埋嚟，見到我卽時伸手同我揸爬：「你好十三師傅呀嘩？」

呢個「上線」望落同我年紀相若，身材唔高，但着件露晒波罅嘅低胸西裝，擺明就係引水魚上釣用嘅。揸爬一向都係心理戰，係令對方容易順服嘅招數之一，我當然唔會受佢呢套。

我一手揚開，示意佢收返埋隻手。「唔使嘞，唔使同我嚟呢套，我只要知道妳答唔答到我頭先兩個問題？」

「咁……投資嘅嘢總有風險嘅……」

「嘩，妳答我唔到呢兩個問題，數據又畀唔到我，風險就要我食？你認眞？」今次擺明玩大佢，講得更大聲，成場都聽到。

當時好多人已經望晒過嚟，已經搞寸咗個場。

「不如入房慢慢再傾啦……」同時見到保安開始夾埋嚟。

佢一定要諗辦法隔開我，就係怕影響到在場俾佢哋洗緊腦嗰班水魚。

「入乜嘢房傾唧？啲數據咁唔見得光要收埋講嘅咩？妳唔喺度答我我

走㗎啦！」

呢條「上線女」唔出聲。

「妳仲係答我唔到，咁我走啦喎！」我抽起背囊就向返升降機大堂方向行，而叫我嚟嗰條女就追住出嚟。

「十三師傅你聽埋先啦！」

「喂，你哋公司連咁基本嘅數據都唔敢公開講，我點幫你買？仲聽乜嘢呀？我夠鐘走嘞！」我再次指住電話個電子鐘，剛好過咗半粒鐘，金屬門一打開我就直入落去地面，佢哋鳩叫我當聽唔到。

到咗地下，條女 send 咗個 SMS 過嚟：「求下你唔好走住啦」

我回返佢：「妳呢份所謂生意，再做落去會害撚死妳，好自為之。」，跟住我就走返百利開舖。

年幾後，有晚我開舖，見到有條女裝裝吓，個樣有啲面熟，佢無端端對住我口噏噏搖搖頭不停 loop 住講「隔咗咁耐，你都係認我唔到㗎啦」，然後就行開咗。之後我先諗返好可能係佢，但個樣已經對唔返，因為佢個樣本身實在太過平庸，好難令我留有印象，何況今次見到佢呢個樣好殘，正宗嘅「生意失敗咁嘅樣」，唔係着行政裝個樣可以相差好遠，我根本唔會認得出。如果呢個眞係佢嚟的話，咁就眞係好折墮，傳銷公司搞到佢個人跳跳地。

在下喺呢世人最痛恨兩樣嘢，第一係基督教，第二就係傳銷。呢兩件嘢係一體兩面，沆瀣一氣，一邊 sell 麻醉心靈嘅糖衣毒藥，另一邊係 sell 發達夢想，然後發達嘅就係佢哋幾個喺「樹頂」嘅老細，而下線嘅下場就係爭人周身街數最後橫屍街頭，一係就好似頭先文中嘅小姐咁瘋瘋癲癲，兩者同樣都係需要喺地球上消失。

六 · 同時俾男女朋友分手嘅「吳彥祖」

淩晨嘅百利商場，係有一種莫名其妙嘅吸引力，搞到我有差不多一半嘅客都要喺商場落閘後嘅時間先嚟見。

呢一晚又有一個。同之前一樣，都係淩晨先打嚟，但係我只趕到去紅磡火車站班車，所以就要喺紅磡站平台行落去百利，要多花十分鐘時間。

行到接近百利嘅漆咸道南，一個高大身影就喺前面，喺遠處佢已經向我揚手示意，我當然不敢怠慢，行快兩步到大閘口前。

「Sorry 唔好意思，咁夜要你出嚟。」一把出乎意料嘅溫暖男聲，加上黑暗中嘅煙味同火光，顯得佢呢個身影特別落寞。

喺呢個閘口位置，任何人我都係對佢地一樣講同一句說話「上去先講」，因為喺呢度講完嘅說話，上到去都要重覆一次，倒不如慳返啖氣。

我一手輕拍鐵閘，另一手同時指向樓上，保安大哥睇到，自動醒水幫忙開閘，近六尺高身形就跟隨我上去。

開舖開燈，一件俗叫「Mark 哥褸」嘅 overcoat，褸內嘅黑色袖衫，一條半鬆開嘅領呔，加上吳彥祖咁樣嘅後生仔就出現我嘅眼前。

哇，咁嘅款，好多女會死喺佢面前㗎喎，我係麻甩佬都眞心服咗佢呢個身型，著得超級好睇，如果我跟佢咁着法的話，就只會似隨街同女途人講「我畀啲嘢妳睇丫」嘅乾濕褸露體變態色魔。

佢一坐低，劈頭第一句說話就係「我眞係好唔開心……」

「唏，有邊個嚟我呢度會開心得㗎？何況係呢個時間。」見佢拎緊個煙盒同打火機出嚟，我好自然就遞個「米缸」畀佢，佢點頭致謝。

「師傅，唔好意思，咁夜阻住你休息。」佢一邊講，一邊喺煙盒抽出一枝煙，然後好順手就遞咗過嚟。

我揮手。「做呢行係咁，由佢。我唔食嘅，多謝先。」

佢點頭，將枝煙放入口中點着。

我繼續講落去，將佢帶返入正題：「今晚因乜事咁苦惱要搵到我呢？」

「其實，我都知呢單嘢冇得拆，只係想睇吓有冇一個好啲嘅處理方法……或者係相對好啲嘅 ending 啫。」佢呼出嗰口煙又遠又長。

佢其實都冇講過乜嘢問題，我自己先抽三隻睇睇：

Lover - Wheel Of Fortune - The World

三隻都大牌，只睇到好少嘢。

「關係完結到而家咁，你已經叫得做好好㗎啦。」

我再補一補牌落三隻大牌度，就變咗咁：

Lover + **聖杯三** - Wheel Of Fortune + **倒聖杯二** - The World + **倒金幣四**

九成都係第三者搞到喪失關係，咁不外乎都係感情問題居多，但總係覺得呢鋪牌怪怪地……「聖杯三」？

「靚仔呀，俾人搶得走嘅，就唔係你嘅，無謂勉強啊。」

「我都知，但係……佢兩個……」佢欲言又止。

我指住聖杯三呢隻牌開始講：「我睇到你係有三角關係，但最後係佢地兩個一齊有默契咁走……搞乜嘢？」

「佢兩個……一齊咗……」

我聽到皺晒眉，唔明佢講緊乜。再開鋪牌睇「吳彥祖」感情本身：

Hanged Man - Justice - 倒聖杯二

「倒聖杯二」連出兩次。我只睇到佢啲感情觀與別不同，奇怪在好似對樣樣都好平均，冇乜特別偏向，今次到我撓晒頭。

「你啲嘢好鬼難睇，只見到你好似要對個個都公平。」

「正常，我係異於常人。我男女都可以，而家係我男朋友同咗我女朋友一齊咗。」佢講起自己嘅奇特傾向嚟完全冇半點尷尬。

我個腦轉唔切，hang咗機。「喂咪住，我未消化得到你講乜，乜事？」

「佢兩個都知大家嘅存在，大家都承認呢兩段關係，甚至有段時間我三個人一齊生活成年，點知……」

「佢哋兩個一齊咗，然後一腳飛起你？」

「就係咁……無奈啊。」短短幾分鐘，「吳彥祖」已經開始點第二枝煙。

「你……」今次我指住隻「吊人」。「……成日都想做到兩邊都公平，但係咁做法的話，就係對自己唔公平，所以而家呢個狀況已經叫最好㗎啦，你做盡咗㗎啦。」

「唉，我都唔知自己做錯乜。我都好老實㗎啦，完全冇呃過佢哋，佢哋要一齊咪同我講囉，使乜走得㗎？」

我臨時度咗一個新牌陣出嚟專登去睇呢個問題，我諗呢世都應該未有機會再用，因爲呢類 case 實在太過稀有。

主旨：聖杯八
男方睇「吳彥祖」：倒聖杯騎士
女方睇「吳彥祖」：倒聖杯六
男女之間：Devil + 權杖三

「佢地一早計劃好要離開你，佢哋兩個對你其實又冇乜負面嘢，只係同樣對你嘅感情都開始淡薄，而佢兩個之間感情日益增加……只能夠話你唔好彩。」

「兩個我同樣都愛，但兩個都咁對我，我都唔知有乜意思……」

「冇㗎，感情事上，人唔自私，就要大方到盡，大方唔到就唔好扮落去，否則就自己 hurt。而家你心態上咪當成全佢兩個囉。」

「都……係嘅，唔係點？起碼佢哋兩個都眞係愛……過丫。」佢開始眼紅紅，紙巾當然如實奉上。

佢接過紙巾，抹咗兩吓眼繼續講落去：「算嘞，我都係返美國，香港呢個地方都唔係好啱我。」

「感情嚟講呢，你去外國好好多㗎。」
「返到去我都係靜一排先啦，眞係再受唔起刺激喇。」

呢次係我人生中第二次覺得男人流眼淚好有型，第一次係睇「淚眼煞星」。

「吳彥祖」除咗真係似吳彥祖之外，仲有份張國榮嘅氣質，係我咁多年以來我真心服佢有型嘅男性客人，如果嗰陣仲喺廟街擺的話，我包保大把女客會喺檔口唔願走。

冇幾耐佢飛咗返美國。幾年後，佢返香港嗰陣約過我出嚟，同我講開咗間教跳舞嘅 studio，同咗個鬼佬一齊。

我哋相約喺 IFC 一間露天 bar 見面，當時我已經冇喺百利度開舖。

「咁……你有冇再同過佢地聯絡？」

「有，佢哋就嚟結婚，今次返嚟我都係飲佢哋嗰餐。」

「咁你而家真係算放得低啊。」

「佢哋同我道咗歉咯，都過咗去咁耐，算啦。」同時間，「吳彥祖」揚手叫佢個鬼佬 partner 坐埋嚟。

「佢哋當年唔咁的話，我又點遇到而家呢個呢？」佢地喺我面前錫咗對方額頭一啖。

懂得「放下」真係好重要，雖然真係好難好難。「吳彥祖」絕對係一個大好人，祝佢以後生活得開心快樂。

七 · 搲生意嘅保險 agent

我早就明白，香港嘅人口增長率逐年遞減，近呢幾年直頭係負數，市民賺嘅錢亦都少咗好多，自然就冇多餘嘅錢負擔更多嘅燕梳費，所以保險呢行只會越做越奀，越嚟越惡撈。而我都知佢哋要諗盡計仔去搵生意填數，免得俾老細捽到爛，但係呢個都唔係揸流攤甚至連呃帶氹啲客嘅藉口嚟。

記得喺百利開舖後冇幾多日，因為新裝修始終都仲好污糟，塵粉多到飛嚟飛去，所以嗰一輪成日都返舖頭執嘢抹嘢，打開門口散咁啲油漆味都係需要。

我剛剛做完枱客，佢一走，就有個西裝友即刻走入嚟。

「你好，呢度係做塔羅占卜㗎可？」

「係呀。有乜幫到你呢？」

「想問吓而家有冇得占呀？」

下一枱客要等多一個鐘先嚟到，難得有生客自動游過嚟，當然放佢入嚟。

「得，都仲有時間嘅，請坐丫……」我示意佢坐低。

唔知係咪佢哋呢行習慣嘅手勢，一坐落佢就拎張卡片畀我，咁我禮貌上就收咗佢啦，同時畀我自己張卡片佢當互相交換。

睇睇佢張卡片，我以為係假嘅，因為佢個名係同做呢間保險公司個中

文名係一模一樣，感覺就似個名叫「運財」，而職業係押運公司揸戒款車嘅司機咁樣，或者係叫「乜軍」、「物軍」嘅北方人士都係當兵咁。

「哦，你做保險業嘅……睇你個名，好似出世就注定要幫呢間公司打工咁喎。」

佢擰擰頭講：「唉，講起都嬲，我老母改壞名，講吓講吓搞到我眞係去埋呢度打工，仲打咗咁多年。」

「咁……有乜問題想問呢？」

「唉，生意好一般，睇睇有冇進展咁啦。」

呢啲都係好一般，差不多係人都會問嘅 case，大概同佢睇睇未來一年嘅事業走勢係點樣：

金幣二、寶劍二、寶劍七、Justice、Judgement、Hanged Man

睇落啲牌條友其實都幾蠱惑，同佢買保險眞係要小心，感覺上唔可靠。

「唸，我唔知你發生乜事，但半年後小心惹官非呀吓，係關乎你而家呢份工事嘅……」

我見到佢開始捽手指罅，咁同我睇到嘅應該相距不遠矣。

「……生意方面呢年就麻麻地，係難堅持，但歪路就唔好行嘞，衰多嘅，因爲有被控告嘅跡象，自己執生吧啦。」

佢沉思咗一輪再問：「我……轉公司或轉工作環境得唔得呢？」

咁我就同佢開三隻睇睇：

Devil + 權杖三 - Moon + 寶劍七 - Tower + 倒寶劍八

「寶劍七」重覆咁出，好一致嘅行蠱惑模式，仲要有「Devil」同「Moon」一齊出，感覺好唔正派。

「你係咪心目中已經有一份想返，或者有一份工等住你應承返？」

「都……係喋，人地搵我嘅，家陣我仲諗緊囉。」

「嗱，我唔知你諗緊嗰份係邊類工作啦，但睇嚟你做唔來喋，如果係唔見得光唔係正路嘅就咪掂嘞講眞。」

「咁但係確實多錢丫嘛……」

「多錢都唔關你事，袋錢嘅係老細，你都冇份袋嘅，隨時做替死鬼，唔值喋喎。」

佢又沉思咗一陣。

「你冇得走偏門喋，正正經經打份工算啦……呢啲工唔係人人都做得嚟喋。」

「睇你咁，應該幾好生意丫。」佢話題一轉，條「天線」話我知佢一定唔係咁簡單。

我當然封定佢後門先。「咁只係開咗一個星期，新屎坑一定香喋喎，過一排啲客又少一半以上喋啦。」

「唔似丫，應該做得來喋喎！」

佢終於開始入正題嘞。「呀……十三哥，你自己有冇買保險咁呀？」

「冇呀，邊有錢買丫，夠自己用已經好難。」

「咁平有平買，貴有貴買啫。你幾歲呀？」

「廿九。做乜？」

「未到三字頭都唔會好貴嘅⋯⋯過兩日打份 proposal 畀你睇睇丫。」

「吓？我冇錢畀㗎喎。」

「睇咗先啫，又唔係一定要你買嘅。」

剛好下一枱客就喺出面，我同佢揮手打個招呼，示意佢等陣。

條友做開保險呢行，冇理由唔識得睇人眉頭眼額，所以即時反應都幾快。「你有客喺出面等的話，咁我唔阻你先，過幾日再過嚟。」

佢一邊自話自說，一邊自行離開，睇嚟之後都有啲麻煩。

過幾日，佢又突然喺我舖頭出現。

「十三哥！好生意嘛？」佢揪住一盒嘢上嚟。

「麻麻啦，個場好靜，都好一般。」

「最多之後我帶啲客嚟幫襯你囉⋯⋯食啲嘢先啦，襯熱呀。」原來個盒係漆咸道南行人橋底側邊嗰間 Pie & Tart，又係玩「雞批打人牙骹軟」呢招，但我唔係次次都中㗎。

「多謝先，啱啱食咗飯啦。」我即時就隔一隔佢先，唔可以俾佢覺得我咁容易就犯，一收咗人着數就好難拒絕唔幫襯。

「唔緊要，放低一陣先食……趁而家冇客，就同你傾返份嘢先丫……」佢一邊自話自說，一邊拉開張櫈，就放本 proposal 上枱面打算開始講解。

「喂，咪住……」我即時截停佢再講：「……上次你走得咁鬼快，我都唔記得同你講，我都買唔到保險嘅。」

「吓？點解呀？」

「高危活動呀，香港冇一間保險公司會過到喋。」

「你……指邊類呢？」

「擂台比賽喎？邊得呀？」

「你打開拳喋？」

「梗係有啦，所以我先咁講啫……」

「一講開打拳，咁就啱嘞……」呢個「起手式」就知佢要表演保險呢行嘅「口技」。

「……我地公司 office 度，有個菲律賓藉嘅保安，佢都好似你咁打拳喋，不過佢打開 boxing 嘅。」

「哦，然後呢？」我撟埋雙手，睇佢表演。

「……咁有次佢有場比賽，喺灣仔舊伊館度打，我都算同佢幾熟，所以都有去捧場睇。嗰場佢好勁呀，打到爆晒缸成頭血，捱咗十幾個 round 呀……」

聽到呢度我開始要忍笑。

「咁……佢最後點？」

「佢捱夠十五 round，但最後都輸咗，戥佢唔抵，不過已經好勁嘞！」

「唔……」我忍得好辛苦。「咁你哋公司有冇得賠畀佢？」

「唔知喎，我都唔知佢有冇買，我都冇問……咁講返轉頭先啦，呢啲所謂『高危活動』呢，其實係有『技術性做法』嘅……」

「講咁耐，即係呃公司囉吓哇？」

「唔算呃嘅，呢個係『技術性做法』，唔講係因比賽受傷啫，咁起碼你有得賠先係咪……」

「Oh really ？？？」我嘅神情就變成迷因圖嘅貓頭鷹咁樣。

跟住我畀多十分鐘佢扭橋，但係都係扭到「技術性做法係冇問題」呢點度，最後當然冇同佢簽份嘢咁白痴。

「我錢就畀咗但冇得賠仲可能有畀你公司控告行騙嘅機會，做乜要搞到咁呢？算啦，唔好監硬嚟嘞，我唔係你 target audience 嚟㗎。」

佢 hang 咗機一陣，明顯心有不甘，無耐就再問我：「阿吳生，可以話我知你唔買嘅原因嘛？我喺每次失敗中都想知道個客咁決定嘅原因去汲取教訓。」

「你……真係要我講呀？」

「係呀，講丫。」

既然佢唔怕死，就俾佢死得明明白白。我好輕鬆咁答佢：「首先，自己唔係嗰瓣，自己冇掂過嘅事，就唔好亂作自己唔熟悉嘅故仔，咁樣好危險好易穿煲……」

佢面色開始變緊。

「其實你知唔知，香港係冇職業 boxing 賽事㗎？」

佢開始撓頭，啲講大話嘅小動作走晒出嚟。

「現時香港睇到嘅拳擊比賽，係唔會打十幾個 round 咁多嘅，完。」

佢眼神呆滯，已經冇辦法去拆解自己嘅亂吹。

「……講埋你聽都唔怕，香港嘅 boxing 賽事，全部都係業餘賽事，只打五個 round 嘅啫；爆晒缸打到成身血近乎唔可能，業餘賽事對拳手嘅保護程度係高好多，眞係爆晒缸的話一早就 doctor stoppage，醫生好大機會唔俾比賽繼續，然後判佢 TKO 輸。」

喺嗰個年代，曹星如都只係剛剛練拳冇幾多年，佢有打過比賽但只係業餘賽事，當時佢阿哥曹星揚出名過佢，同樣都係打緊業餘賽 。

佢俾我呢幾句就令佢即時收皮，塊面黑到玄檀咁，然後粒聲唔出就收返起份 proposal 起身走咗出去。佢一離開，原本約咗我嘅客就跟住嚟，我當然冇再招呼佢。

臨收舖嗰陣，我先記得佢頭先擺咗袋 Pie & Tart 喺度，但係家陣成個袋已經唔見咗。明白嘅，傾生意都要控制成本，但咁樣就眞係肉酸咗少少。

睇嚟佢應該好嬲我頂嘞。

八・擺爛自己人生嘅「紫蛙」

記得呢日係放緊農曆年假，啱啱冇拜年，咁就返嚟舖頭執拾一下，預備迎接新一年。

成個場都冇人開舖，就只得我一個有開。喺整理期間，有人突然由門邊攝個頭入嚟，俾佢嚇一嚇。

「你好，我係啲姊妹介紹嚟㗎。」之前我並未見過佢 。

「咦？做乜冇預先打嚟 book 咗先？」喺未預約嘅情況下失驚無神走咗過嚟，我係有啲驚訝，仲要係過年期間。

「費事煩啦，啱啱喺附近拜完年咪行過嚟睇睇囉。」

「咁……ok 啦，而家我都得閒嘅。」

佢行入嚟我先至知，我間舖係近乎容納唔到佢。

嚟過我間舖嘅朋友都知道，我呢個地方係非常狹窄，兩手打横伸直係可以掂到櫥窗玻璃同埋邊嗰埲牆，加上櫥窗同牆上兩邊貨㗎，顯得間舖更加細。我試過瞓喺地去度個尺寸，其實兩個人平排瞓都唔多點夠位。但係，佢入咗嚟，我係完全行唔到出去，就更加唔好諗點樣可以俾佢坐喺度占卜。

好彩係過年，冇其他人開舖，我就諗咗個方法令大家舒服啲。

我指一指玻璃，卽係走廊外面。「咁樣……妳都係出返去先，喺出面占。」

佢入後波退返出舖，我就直頭將一枱兩櫈拖出去，就喺走廊度開牌，橫掂今日唔會有人理。

搞咁耐，終於搞掂，開始新年第一單生意。

「小姐有乜嘢想問呀？」

「我想問……點解……我成日俾人蝦？」佢個樣狀甚不悅。新年流流就先嚟問呢啲問題，其實都頗爲唔吉利，不過接得客就冇得揀。

「講唔講得乜事？」

「我啲姊妹近來好似睇我唔起咁，佢地自己約見面又唔叫我……」跟住仲有一堆我完全聽唔明內容嘅發洩說話。

先開隻牌睇睇呢位小姐個狀況：

倒 High Priestess + 金幣九

一睇到佢個外觀再加埋呢鋪牌，其實都唔難猜到個原因。

「妳咁問，係一個好開始，因爲妳有『俾人蝦』嘅自覺，雖然都幾遲先至發覺。」

「唔……明，你指乜嘢？」

「妳個樣實在太好蝦。」

呢位小姐身材圓潤，頭係細，但係面嘅闊度大過高度，而五官就集中晒成塊面嘅中間，同時佢咀同鼻都好尖，天生把聲就係高音刺耳嘅雞仔聲，尤其佢着住件紫色 t-shirt，整體夾埋就好似印度一種山上嘅

蛙類「紫蛙」，呢個相頭都頗爲擇使，咁嘅款唔恰妳恰邊個丫。

而比較大鑊其實係一身衣着，佢下半身已經好肥，嗰條類似 legging 嘅淺紫色原子褲令佢出晒事，只會綻到佢更加肥腫難分，連底褲邊都透晒出嚟，好趌客；當然，化妝呢啲更高層次嘅事同佢完全無關，因爲根本佢唔注意呢啲事……佢只係廿中咋。

「咁阿媽生成我咁，我都唔想㗎。」佢講呢句嗰陣，我完全感受到佢嗰陣怨氣。

「幾歲去到十幾歲冇經濟能力，妳呢個講法係正確嘅，但當有搵錢嘅能力嘅時候，妳就冇藉口去抵賴㗎喇。」

佢咪起個咀，露出深深不忿嘅表情，但明顯反駁唔到我，而而家個樣就變得更加似隻紫蛙。

「妳唔識打扮，唔識買衫，唔識化妝，可以畀錢去學，但妳冇咁做，因爲妳明顯冇動力冇原因逼到妳自動自覺去學。」

「我有學過㗎。」

「但……點解妳今日又冇用到呢啲嘢出嚟？而家過緊農曆新年，妳應該都唔使返工㗎啦。」

「今日都唔係啲乜嘢大日子就是佢啦。」

聽到佢咁答，我對白眼自動反起上嚟。

「過年喎，拜年喎？咁都唔算大件事仲有乜嘢事可以更大呀？唉。」我真係忍唔住，好無禮咁喺佢面前嘆咗啖氣，因爲佢態度實在太擺爛。

幾秒後我接住講落去：「世界係好殘忍嘅，先敬羅衣後敬人。打扮某程度上係一個尊重自己嘅表現。唔好講人地恰妳咁遠嘞，妳連尊重自己嘅時間同心機都咁少的話，咁人地又點會尊重妳得喋？」

「唉，搞咁多嘢先出街好煩喋，我又少出去見人。」

紫蛙有個特徵，一年只會得兩星期上地面，其餘時間都係匿埋閉關。佢連性格都似到紫蛙十足，咁眞係好閉翳。

「就係因爲妳連對待自己都懶，人地有預備，所以佢地就遇上好嘅機會，妳就冇份囉，完。」

佢聽到後，又鼓起泡腮，個樣眞係好似紫蛙。

「唉，算啦，我都放棄自己喋啦。」

「妳眞係放棄自己都仲還好呀，咁我就由得妳咁落去就算，但係妳把口講要放棄，又表現到心有不甘喺度呻，咁先最慘最辛苦呀！」

「咁……我都係呻吓啫……」

我聽到佢咁嘅態度就不期然擰擰頭，因爲明知佢並唔係咁諗，只係懶。「妳呻得的話就唔想就咁算喋啦。妳眞係有放棄人生嘅想法的話，就連搵我甚至呻都廢事，直接呢世人都係咁落去啦，係咪？可惜妳而家先嚟識醒呢，我眞係寧願妳繼續長瞓啊。」

「算啦，咁我仲有班姊妹。」佢講咗第三次「姊妹」，應該喺佢心目中好重要。

「咩姊妹嚟喋？」

「小學同學嚟嘅，直到而家囉。」

「妳又話佢哋蝦妳嘅？」

「咁當中有幾個啲關係仲可以嘅……」

「妳意思即係話，而家同某幾個小學同學都仲有聯絡，係咪咁意思？」

「係呀，我同佢哋成日出嚟㗎，係之前講嗰兩三個，一拍拖就唔識人咁，成日失蹤……」

「咁好正常啫，永遠都係有異性冇人性㗎啦。」

「我覺得咁樣真係唔得囉，明明講好咗大家係姊妹嚟㗎嘛，點解一有男朋友就會變成咁？」佢連續敲幾次枱面，表現出極度不滿。

我開一鋪睇佢所謂比較 friend 嘅姊妹嘅情況：

寶劍八 - 權杖四 - 聖杯六

成班都只保留住以前讀書時嗰份感情，冇事由自可，一有改變就會認爲對方背叛自己，所以剩返呢幾個都好 friend。

「我冇睇錯的話，佢地幾個都冇拍拖㗎啦係咪？」

「係呀，得唔妥我嗰幾個就有男朋友囉。」

「唉，咁就明晒。」我拍拍自己額頭。「呢啲嘢好正常㗎喎，唔能夠話佢地幾個有男朋友嘅出賣咗妳㗎。每個人都會有自己嘅生活同發展，到咗某個人生階段，生活有所改變，諗法思維亦跟住改變，配合唔嚟見唔到面有幾咁閒得㗎？湊住個 B 仲要煮飯湊仔返學放學教功課，要自己一個出街兩個鐘都唔容易啦係咪先，妳估妳仲係學生妹做女嗰期呀？」

「佢地咁樣仲算係姊妹咩？去搭飛機啦！」佢嘅聲線越來越高。

「『姊妹』呢個關係，放喺心中就夠。妳成日掛係口邊，咁會搞到佢地好大壓力㗎。」

佢深深不忿，仍然一臉怒氣。

我繼續篤落去。「我都有小學同學，由九歲毛都未出齊到而家呢刻都仲有聯絡，但我地好少見面，一年都冇幾次，大家都有自己嘅煩惱，約到出嚟咪見囉，唔得就下次，眞係有事都唔介意叫對方幫忙，呢啲冇乜好計，咁先叫兄弟。唔通我又情緒勒索佢話『你好而家出嚟，家陣唔出嚟見面就唔好再做兄弟嘞』咁呀？細唔細孥仔啲呀？」

「所以算吧啦，我唔再搵佢地㗎啦，剩返嗰幾個姊妹都得。」

「咁如果剩返呢幾個姊妹之後都有拖拍，或者另有人生方向的話，咁妳又覺得佢地出賣咗妳呀？」

「係呀！」佢答得好爽，咁就知道佢已經冇得救。

「咁最後得返妳自己一個，然後佢地互相見面，就得妳一個冇份。妳要有定呢個心理準備先好。」

不思進取甚至去到糟蹋自己身體嘅人，已經足以令其他人唔想接近；而接近得嘅人，大多都係有相類似問題嘅同類，呢堆人走埋一齊，大家就只係相濡以沫圍爐取暖，冇任何好處之餘就只會變得越嚟越壞。當中全部人一齊瞓着就好地地，當中一有人醒覺的話，呢個醒覺嘅人就只會痛苦一世，到時想改變都嚟唔切。

佢懷住極度不忿嘅心情離開，而我到家陣呢刻仍然冇忘記佢個下圍比肩闊兩倍嘅背影同地面嘅震動。

九 · 以自己身材爲恥嘅中女

在下呢幾日去咗泰國出 trip，順便喺曼谷四周遊歷一下，但係唔會冇厘搭霎咁甩稿，點樣忙都死返一篇出嚟嘅。

依在下幾日以來所見，暹羅國民風情淳樸，尤其女性大多溫文爾雅，丰姿綽約，因爲天氣關係，自然衣着亦頗爲瀟湘大方，不期然諗起某位香港客人嘅反差 case。

「想問……姻緣。」

目測所見，呢位小姐約四旬左右，正常一般女性樣貌，冇化妝，中等身材，衣着頗爲保守。重點係長袖冷衫，但呢日明明係烈日當空嘅三十幾度。

雖然商場聲稱有中央冷氣，其實都只係出風居多，仲要係呢日嘅天氣，甚至連涼快都講唔上，如果連僅餘嘅風口位都冇風出的話，加上舖頭四面都冇窗，咁就會變得好焗，中暑都有之。我自己都熱到頂唔順，今日返咗嚟舖頭都要先去廁所，抹吓個身換件新背心至敢出嚟見客，熱到由底到面都濕到透隨時焗到發臭，唔換唔得。

「妳咁着法唔覺焗㗎？可以除咗件長袖先繼續占㗎喎。」

「唔……唔使啦，我得㗎啦。」佢一邊講，一邊用紙巾抹汗。

開頭以爲佢只係就咁着件冷衫出嚟或者有皮膚問題所以先除唔到，但我發覺佢冷衫裏面係有件類似白襯衫着住。

「想問一下，小姐今年貴庚？」

「剛剛過咗生日幾日，三十六。」

但佢個樣浮現住嘅，明明就係四十幾歲嘅滄桑感，感覺到佢好「乾」，係似一個放咗入雪櫃好耐嘅生果咁，表面收晒水而鈔起上嚟，冇晒應有嘅光澤，亦都感覺唔到佢有同同齡相配嘅睿智，殘忍啲咁講啲種算係一副蠢鈍相，容易俾人呃，好似成日發緊白日夢嗰種樣；撇除晒呢啲，其實佢個樣唔係特別差，仲有得救。

「小姐妳嘅問題，係咪指幾時有新對象之類？」

佢緊閉咀唇點頭。呢個行為代表住佢有嘢唔敢表達出嚟。

我自己先開牌睇佢心理狀態係點：

Empress + Hierophant + **倒寶劍四 - 寶劍女皇 - 倒權杖女皇**

呢鋪牌咁鬼多女嘅，睇嚟佢俾阿媽影響得佢好深。

再睇一鋪佢感情狀況：

High Priestess + **聖杯侍從**

齋到爆，好大可能佢連男人陣除都未聞過。

「小姐，妳單身咗好長時間喋？」

「我冇拍過拖。」擺明中啦。

「依鋪牌嚟睇，簡單而言，妳家中年長女性影響得妳嘅生活好緊要。」

「都……算係喋。」佢到而家都仲抹緊汗，已經抹到冇得再抹，我遞咗卷廁紙畀佢，放喺佢隔離。

「妳知道係咁嘅話，妳搞唔掂呢 part，咁樣係好難有好姻緣㗎喎。」

「咁佢係阿媽，唔係的話可以點？」佢雙手一攤。

「睇嚟妳應該同佢一齊住緊㗎啦係嘛？」

「你又會睇到嘅！」佢瞪大雙眼。

「妳啲嘢有幾難睇丫，兩鋪牌裏面都係有妳阿媽妳阿媽同妳阿媽……」我一邊講，一邊指晒啲「女人牌」出嚟。「……直到而家為止，妳仍然甩唔到妳阿媽，甚至係感情事都俾妳阿媽嚴重影響到，影響埋妳對男人嘅價值觀。」

佢默然不語，但依然攞卷廁紙抹緊汗。

我忍唔住問佢：「我想問好耐……點解妳咁熱都唔肯除咗件冷衫佢？」

「唔得呀……裏面嗰件好薄呀。」

「有領袖衫都薄？通街啲人都咁返工㗎啦，妳估仲係中學時代嫌件校服肉酸呀？妳除咗佢啦。」

俾我講完後，佢先好唔情願咁除低件冷衫。佢係有身材，但未至於誇張。最恐怖係，佢即時扣返粒頸後鈕，然後對手唔知放邊度好咁周圍擺。

我見佢咁，眞係忍唔住斥責落去：「我乜都睇唔到呀，邊有透呀？妳凍就着，熱就除，唔好搞到好似中學生嗰陣幾熱都堅持要着灰冷衫咁病態。妳年紀已經大過佢地一倍有多啦，點會仲以自己身材為恥㗎？黐線。」

「咁樣的話，我會好冇安全感呀。」佢雙臂亦好唔自然咁遮住自己個胸。

見到佢咁，我嘆咗口氣。「咁唔通妳冇去過游水㗎？」

「有呀。」

「妳咁要堅持着住件冷衫，咁點游呀？」

「我着多兩件 t-shirt 先落水囉。」

「咁件泳衣一定係深藍色嘅全身式兼平腳啦係嘛？」

「……係。」

聽到佢咁講，我即場反佢白眼。

「妳知唔知自己點解會到而家都冇拍過拖？」

佢搖頭。佢真心唔知自己出問題，仲要係頗為嚴重嗰隻，唔係扮。

「當然，妳阿媽係最主要原因，仲有另一個重要原因係妳唔大方，已經去到斯斯縮縮到令男人唔知點同妳溝通，甚至驚妳無啦啦突然叫非禮嘅地步，所以妳齋咗咁多年唔係冇原因㗎。」

「阿媽話男人只係鍾意外表的話，呢啲唔要得。」

唉，佢呢句，咁我就諗通晒佢點解會咁樣。

「妳真係想拍拖的話，首先係自己搬出嚟住，呢點妳搞唔到基本上唔使旨意會有。」

「有冇咁誇張呀？咁我阿媽點？」

「唔係誇張，係事實。」我繼續講：「第二，妳認認眞眞咁去學點着衫啦。妳着背心冇路人會刻意睇妳㗎，就算眞係有望，望完轉頭就唔記得妳乜水啦，咁妳有乜好介意呀？」

「我……眞係唔得呀。」佢又不期然掩住自己胸口。

「嗱，老實講，唔係玩妳，妳呢個問題程度確實幾嚴重，非常影響妳嘅社交生活，係需要睇心理科，只係妳自己唔覺得咁嚴重。如果妳想改善呢個問題，不如認認眞眞去睇一次，睇醫生佢點講都好。」

「我唔覺得自己有咁嚴重囉。」

「嗱，剛剛我先講完妳會咁諗，妳又重覆。」我一邊搖頭一邊接住講：「妳唔認爲呢啲建議係需要跟進的話，咁我已經再冇嘢可以幫到妳嘞。」

佢深深不忿咁接收我呢個殘酷嘅答案，根據佢嘅回覆，都知佢只會依然故我。

佢離開舖頭嘅時候，邊行邊着返起件索晒汗嘅灰色冷衫。 明明佢個樣唔太差，執吓的話絕對可以見得吓人，但我唔知呢位小姐以後可以點算，應該呢世就咁玩完，除非有一日自行醒覺咁落去係有問題。

當然，香港人呢種「以身材爲恥」嘅病態思想，亦係主要原因之一，好多人都係做咗呢啲受害者嘅兇手之一而不自知，你問吓自己當年有冇因爲女同學個胸大啲就話佢姣，或者發現佢有戴 bra 而恥笑，甚至彈佢 bra 帶令佢難堪，咁你都係其中一份子。

十 · 終於進化成功嘅「刺蝟」

上星期一喺曼谷街頭寫嗰篇「百利篇 · 九」其實有少少哋，但係出乎意料引起唔少朋友共鳴，算得上始料不及。

今次再寫一篇情況相反，但同樣會出現類似問題嘅案例。

各位讀中學嗰陣，班裏面總會遇過一啲俾其他人貶稱爲「發電機」、「發姣」、「姣婆」甚至「姣闆」嘅女同學。如果你哋留心的話，呢啲同學好多時只係啲男同學特別鍾意佢，螞蟻見蜜糖咁樣成日圍住佢轉，但呢個女同學又冇對任何一個有意思。

年紀稍大，出嚟社會打滾，亦都會見到類似嘅女性。佢哋多數嘅外表都好一般路人咁冇特別，亦冇乜同性朋友；就算有的話，有機會聽到呢啲所謂朋友對佢嘅閒言閒語，大多數會話呢啲女仔「周圍姣人」，否則唔會無啦啦俾咁多仔圍咁話。

其實，本來呢種女仔 99% 都係無辜，佢哋係完全乜都冇做過就有呢種效果，原因何在？其實只係因爲冇機心性格好，就係咁簡單。用而家嘅講法，應該係叫「綠茶婊」。

「我都唔知做乜成日無啦啦俾人搞。」一個外表睇落溫婉兼毫無殺傷力嘅平凡女仔，目測廿中到尾，冇化妝，唔叫得做靚，但望落頗爲順眼。

「咁凡事都總有原因嘅……」我繼續追問落去：「……講唔講得佢哋點搞妳法？」

「我乜都冇做過，又唔係同佢哋熟絡，係唔知點解佢哋班人話我瘟仔，揚我同 A 玩完就撩 B 咁，亂咁周圍同人唱，都黐線嘅，已經唔只一次係咁。」佢滿臉不忿。

咁就即時叫佢抽幾隻牌，睇睇佢本身有乜嘢問題：

聖杯侍從、聖杯八、倒聖杯三

「妳就係乜都冇做過。」

佢驚訝到擘大個口。「吓？冇做嘢喎，咁都有錯？」

「應該話，妳善良，但唔代表要俾自己蝕底，仲要不停蝕底落去。」

「咁即係要點做？」

「一係就好似我咁無恥，永遠無視呢啲仆街，但係而家妳 care 先至搵我嘅啫係咪？」

佢無奈點頭。

「所以，妳 care 的話，就要學識反擊。」

「我就係諗住好嚟好去先唔同佢嘈。」

「咁妳呢個『好嚟好去』嘅做法，而家嚟講對佢哋有冇效丫？對個問題有冇改善過丫？」

佢搖頭。

「咪係囉，妳自己都講咗出嚟啦。妳冇做錯，只係呢個做法對世界上大部分鍾意講是非嘅仆街冚家鏟係唔適用。」

佢聽到我咁講，終於識得笑，因爲知道我企喺佢嗰邊。

「阿女，呢啲事永遠都係得兩個做法，第一係完全唔出聲，由得佢，明白妳嘅人就自然會心照，知妳俾人屈，唔明嘅人會誤會妳嘅，都無謂再交心落去，係咪先？

第二就係還拖。人性係好邪惡，可以講得上卑鄙下流賤格，佢哋見妳唔識還手，就只會越嚟越過份咁搞妳，得寸盡尺，因爲佢哋知道搞妳係唔會有手尾跟，所以越搞就越過癮，越過癮就越繼續搞，無限循環；如果妳識還手的話，佢對妳每次出手反而有所顧忌，甚至因爲咁而唔敢再搞妳。」

「咁樣……我做第一定做第二好？」

「頭先都講咗啦，梗係第二啦。妳而家就係忍唔到先問我啫，唔通我仲叫妳忍落去咩？妳邊會忍到丫？」

「如果係咁，佢哋會唔會再更加收埋嚟搞我？」

「唔知，都有可能㗎，仲有可能之後擺明結怨，但咁做法一定搞少咗妳，因爲佢驚妳會還拖搞返佢丫嘛，但起碼唔係得返佢一面之詞同人講，而妳只會俾人『因爲心虛所以唔出聲』嘅印象。」

「但……你叫我反擊，我眞係唔知點出手先好……」一講到實行，佢就猶豫起嚟。

「刺猬唔會走去攻擊敵人，但攻擊佢嘅動物都會受傷……我唔係要妳主動反擊，就係要妳好似刺猬嘅態度。」

「咁……你咁講法……都啱嘅……」佢似懂非懂，但起碼算係開咗竅先。

「就係而家妳冇『刺』啫，係時候要學識進化。」

「咁……要點做？」

「唔畀佢走，當住佢面前質問佢點解要咁講妳囉。」

「吓？好難喎……」

「點會難？妳總會有見到佢嘅機會㗎嘛。當妳聽到其他人講妳嘅壞話，妳都要問返佢喺邊度聽返嚟。」

「我卽管試吓啦……」佢仍然猶豫當中。

「喂，仲有……老實講，妳有火，又忍唔住，就直頭兜巴星落個仆街八婆度，一巴打到佢風車咁轉啦……」

「吓？」佢俾我呢句嚇到呆咗。

「我認眞㗎，妳以爲我講玩㗎？啲火就係咁用㗎啦，何況妳都冇乜火，呢啲事就梗係趁有火嗰陣時做啦，冇火的話妳又做唔落㗎喎。」

呢位小姐喺驚訝中混集住懷疑離開舖頭，我覺得佢以爲我呢個占卜師係黐線……雖然我眞係黐線嘅。

兩星期後，小姐突然喺我舖頭前面出現，不過佢額頭有明顯傷痕，仍然有少許青紫。

「做乜咁快又走返嚟嘅妳？」

「我……有啲嘢想同你面對面講……」

我斜眼望住佢講：「哇，乜事？妳咁講我淆淆哋喎……」

佢突然喺我面前爆喊。「我……真係聽咗你咁講，有膽打咗佢一餐啦嗚嗚嗚……」

我拎紙巾畀佢後再問：「妳……真係星咗佢一巴咁勁？」

「唔係，我……同佢……喺廁所打交。」

今次到我 O 咗咀。

「我喺廁所質問佢點解咁樣唱我，佢就話佢係都鍾意搞我，咁嘓吓我啲火就上頭，加埋之前你又咁講，我就同佢打起上嚟……」

我截住佢。「咪住咪住……重點係，妳同佢打成點先？」

佢指一指自己塊面再講：「我……扯咗佢跌落地，摭到佢塊面一下，有條痕，流血囉。」佢指一指自己塊面，表示血痕嘅位置。女人最忌係塊面，咁家吓就乜仇都報足晒。

我瞪大雙眼，冇諗過佢會咁。「咁……之後點？」

「廁格原來係有人，啲同事走出嚟攞開我地……」

「咁咪搞到公司上面？咁點算？」

「我都 last day 咯，廁格幾個同事都聽到佢搞是搞非，而家輪到佢俾人排擠囉。」

我噴出一口氣。「妳終於都成長到，但我冇諗過妳一爆就爆得咁勁。」

「我怕我走咗之後就冇機會可以報仇，所以就喺最後呢日決定做埋佢。」佢握緊拳頭。

睇嚟，我不自覺咁激發到一隻由完全冇刺進化成會飛刺出嚟插人嘅「怪物」，哈哈哈。

十一 · 對男人嚴重認知錯誤嘅 N 小姐

「我真係唔明點解啲人咁容易就拍到拖，但係我就搵極都冇……」客人一坐落嚟就講呢句，我已經練到左耳入右耳出，甚至變得麻木不仁。

「唉……」我倒抽一口涼氣。「……我同妳講過 n 咁多次啦，妳仲問？」

事主 N 小姐係我嘅熟客，佢每次嚟都係問呢個問題，上次嚟係喺上年年初。

N 小姐相貌一般，但身形高佻，身高同我差不多，頭髮天生就淺色，冇染過都金金地，而性感低胸露腿打扮係佢嘅基本配備，引致整個外表都偏向似 MK 妹，所以自然引到一班「狗公」出嚟噓寒問暖，不過佢都唔係咁滿意。

佢聽到我咁講，開始不斷搖頭，雙眼同時發紅，於是我喺枱底拎咗卷廁紙出嚟遞畀佢。

「妳點解喊呢？」我一邊問一邊洗牌。

「我真係唔明……」N 小姐好快就喊到一把眼淚一把鼻涕，狀甚激動咁款。我怕佢啲喊聲嚇親隔離舖啲人，以爲我唔知對住啲客搞乜。

「妳仲唔明邊 part 呢？」

「咁我揀都有錯咩？我都只係謹慎啲，就係唔想好似之前咁啫……」佢前面話咁快就有一堆用過嘅廁紙同紙巾。

「謹慎唔係錯，錯在妳用嚟隔渣個筲箕，啲窿密到連半滴水都漏唔到出嚟呢！」

「咁眞係好多狗公丫嘛！」佢嘅聲線突然高八度。

「點狗公法先？有冇啲例子可以舉例到出嚟？」

「咪就係一見面冇幾耐，就約我去開房囉。」

「咁呢啲人係點識返嚟嘅呢？」

「討論區囉，交友區囉。」

聽到佢咁講我擰晒頭。「即係喺網上識人，然後私下聯絡，chat 過一排就約佢出嚟見面，係咪呢種？我有冇理解錯？」

「係呀，係咁呀。」

「咁約妳開房之前，佢地有冇對妳做出唔禮貌嘅行爲，例如撩妳講咸濕嘢甚至摸手摸腳抽水之類？」

「咁又冇。」

「咁……妳都當佢哋係狗公呀？」

「咁都唔算係狗公呀？」

我全身不期然挨向後。「只可以話，佢哋問得急咗啲啫，但成個過程同步驟，佢哋冇錯喎。而家嚟講， 男人約女人開房係好正常，妳覆佢哋一個『no』字拒絕就得，佢繼續 chur 甚至越來越過份，咁先有問題，佢識得收的話已經係非常有禮貌。」

「連開始都未就話開房？咁都叫啱？」

「小姐，妳個世界究竟有幾咁細？妳可以話佢哋唔係妳要嘅 target，但佢哋係冇做錯到㗎；何況，妳喺網上交友區搵男朋友，妳嘅思維究竟出咗乜嘢事？」

「做咩呀？唔明你講乜……」

「交友討論區呢，係用嚟約炮，而唔係交友㗎，妳唔係天真過天真嬌呀嘛？」

「……咁……我真係識唔到人丫嘛，咁有乜辦法喞？」

「唔係妳識唔到人，係妳認知出咗嚴重問題呀！一、妳用搵炮友嘅地方去搵男朋友；二、妳連狗公定義都搞錯，咁妳一世都唔使旨意搵得到正常人；三、除咗呢啲唔正常途徑，如果妳只係一個正常人的話，冇理由完全識唔到㗎喎，只係多定少同妳揀擇程度去到幾多嘅啫。」

「咁……即係點呀？」

「即係妳對異性嘅思考模式係要砍掉重練，因為根本就錯晒，係好嚴重嗰種。」

N 小姐仍然眼淚不止。

「仲有，有乜好咁急呢？妳都係剛剛到三十，除非性格好唔正常嘅啫，樣又唔係差的話點會冇男人？」

「我……唔想阿媽失望呀……」

我眉頭不禁皺起。「吓？關妳阿媽乜事呀？」

「佢今日同我講，話好擔心我日後生活，因爲我仲係單身……」

聽完 N 小姐咁講，我啲頭痛就起。「妳就係爲咗阿媽一句無稽說話而搞到自己咁喊苦喊忽？」

「咁阿媽都想我好啫！」

「佢想妳好，就唔應該畀壓力妳，何況佢概念同妳一樣都係錯到絕嘅……妳估有拍拖結到婚，就一定代表好㗎咩？香港離婚率唔低㗎小姐。」

「咁都係你哋啲男人問題啫！」

「退一百億步，當住妳啱，男人眞係好衰的話，咁妳仲舂個頭埋去做乜嘢呢？」

「……咁……咁多個，總有個好㗎喎……」

「妳幾多年冇拍拖呢？」

「十……年……」

「妳就係爲咗一次受傷，而完全唔再畀機會自己，亦唔畀機會其他男人入嚟，甚至連再嘗試都冇喎，何來『咁多個總有個好』呢？妳想一拍拖就中頭獎搵到好男人呀？」

「……」N 小姐當場 hang 咗機。

「任何遇到好男人嘅機會，之前都係踩過唔知幾多次屎，先畀妳遇得上㗎，第一次就中可以話係萬中無一……其實妳呢個狀況係要睇心理醫生，而唔係過嚟繼續搵我。妳對拍拖嘅恐懼，加埋阿媽對妳嘅無謂期望同壓力，已經令到妳個人極度矛盾，搞到妳對感情嘅邏輯好混亂，我甚至覺得妳根本唔想拍拖……更甚係，眞係畀妳搵到個男人拍拖，妳好快就會覺得佢係『狗公』而分手，然後再次陷入對於男女感情嘅恐懼，阿媽嘅壓力又推過嚟……周而復始，冇得翻身。」

「……有冇講到咁嚴重呀？」

我隨即示意N小姐抽隻牌畀我，睇到張牌都知濕滯。

「有咁嚴重？妳好渴望愛情，但同時又恐懼愛情，因爲害怕再次失望，所以妳冇100%把握，妳都唔會拍拖；但係妳要瞭解到任何感情都係一場賭博，冇可能100%會贏，有99.9999%成功率妳都唔會試，就係害怕自己會踩中嗰度咁細嘅百分比，咁仲唔算嚴重呀？如果妳眞係去睇醫生的話，我希望妳阿媽同妳一齊去，佢呢啲無理期望其實佢都好有病，不過依佢性格，佢唔會正視妳呢個問題，死症嚟嘅。」嗰隻牌係「**寶劍皇后**」，無論係講N小姐本人定佢老母，同樣都係有佢講冇人講，完全唔承認自己錯誤，咁搵我一百次一千次都冇得解決問題。

「我總唔信冇，我啲friend個男朋友都好好……」

我已經冇佢咁好氣。「唉，唔通男朋友唔好，個個friend都會自動揭起塊肚皮向妳匯報咩？妳啲friend都包容到佢哋男朋友嘅缺點，咪睇落好似好好囉，咁佢又一定有講妳知呀？知唔知乜嘢叫『倖存者偏差』？男人只得兩種，『壞男人』同『好壞嘅男人』，冇㗎啦，完。」

「咁你係邊種？」

「我係第三種：『好撚壞嘅男人』。我唯一一樣好嘅嘢係：就算我係男人，而家照同妳講出呢個事實。妳咁都唔信的話，我真係冇嘢再幫到妳嘞 。」

當然，今次仍然係冇解決咁結束，因爲解決方法就喺佢度，但佢唔想解決，我就做盡晒㗎嘞。見到 N 小姐離開舖頭時喺走廊嘅背影，佢副身材應大則大，應細則細，個剪影輪廓靚到黐線，都唔明點解佢會搞成咁。

上年返香港嗰陣，我喺街撞到 N 小姐。青春早就花光，佢雙眼空洞，瘦到成排骷髏骨咁，個樣好似被放逐離群嘅馬騮。我對眼唔多好，對焦麻麻地，定神咗兩三秒先認得到佢。佢呢副眼神我懷疑佢有精神問題，因爲游離得都幾緊要，冇咗焦點咁，講嘢有時又九唔搭八跳跳地，我講東時佢就答西。

「仍然單身？」

「唔知算唔算喎……」

「咁妳同佢哋點生活先？」

「得一個咋……都冇拖過手，一個月到就冇再搵佢囉。」

「咁即係唔係囉……之後妳有冇去睇醫生呀？」

「冇啊。」

咁……冇㗎啦喎，唔係可以點？ 妳仲可以點？

十二 · 自己一手造成嘅仆街磁石

「我有樣嘢想問你好耐……」小姐一面不悅問我：「……點解我識親嘅都係仆街？」當年「仆街磁石」呢個詞語尚未面世。

「問清楚先……在於妳嚟講，佢哋點仆街法先？」

「佢哋全部都係有女朋友有老婆嘅！」

「咁妳識佢哋嗰陣知唔知先？」

「梗係唔知啦！」

「咁妳經邊個途徑識到佢哋？」

「落 D 呀，bar 呀，交友討論區識囉。」

「識都唔係問題，咁你哋點樣開始嘅先？」

我一邊問，一邊洗定牌，自己抽一隻望望，嘿嘿。

「咁好多時都係傾咗一排，有 feel 咪大家約出嚟囉……」

「然後就『企一晚』啦可？」[註 1]

我攤開抽到嘅牌，係「Lover」。

「咁……都……唔係全部係嘅……」

「其餘嘅係唔只『企得一晚』？」

「咁有啲之後都做咗 SP 嘅……」[註 2]

「總之……ONS 又好，SP 又好，最後就拍咗拖啦，係咪咁？」[註 3]

「嗯……」佢呢下「嗯」得嚟特別細聲，好似唔想承認但逼於承認咁。絕大部分女人總係要開住個 anti-slut defence 嘅機制，明明自己係想要但把口又要扮到好似勉爲其難先應承，將個責任推落對方度。

「除咗呢啲之外，仲有啲乜嘢特別例子咁？」

「我……上司。」

「呢個特別呀，可唔可以講多啲？你同佢係點樣開始？」

「同之前講嗰幾個一樣，都係上咗床先開始……」佢一邊講，雙手一邊互捽。

「咁……點會去到上床呢個階段呢？」

「轉咗嚟呢 team 一排，佢都有間中撩我收工出去飲嘢㗎嘞，點知第一次同佢出去就……」

「就……搞咗？」

「算……係囉。」ASD 機制再次啟動。「咁……咁我以爲佢單身㗎嘛，因爲佢一向冇提過屋企人，點知原來已經結咗婚仲有仔女，頂佢。」

「退一萬步，當玩完就算，咁最後又點會拍拖呢？」

「同佢上咗幾次床，有時爆房有時佢屋企，佢屋企都冇女人嘢，都仲以為佢單身㗎。係有次喺佢書房度見到有份移民嘅資料，見到佢個名，仲見配偶嗰欄有名……原來佢老婆仔女一早就喺嗰邊，得佢自己一個喺香港……之後半年到佢就突然辭職，仲自己賠錢即走，咁就離開咗香港冇咗影，連電話都 cut 埋，冧把都冇留返……」

我敲住枱面講：「都講過唔少次，喺我呢張枱上，係唔會講任何道德。你周圍搵食呢我反而覺得冇問題呀，而家唔玩，唔通七老八十先嚟玩咩係咪？但係搞完最後妳係玩眞心的話，咁就的確係好低能呀，最後呢個仲要係『喺度食喺度屙』，咁好唔得囉。」

「咁……即係點呀？」

「咁多個 case，咁多個都係冇眞係瞭解過對方先一齊，當然最後都係相同結果啦。」

小姐心有不忿，聲線開始提高。「如果佢哋唔係有心呃我，係專登隱瞞的話，我又點會搞成咁？」

「先唔講係咪呃妳，就當佢哋只係完全冇提過自己婚姻狀況。識得一排你哋就老婆前老公後咁叫，唔通妳眞係覺得自己瞭解對方先一齊呀？佢只係特登唔講，都唔使要專登呃妳呀，妳連佢係咪眞正單身都未睇得清啦，傻婆。場合唔啱、認識唔深、時間太短、態度錯誤，淨係呢四瓣已經做到錯晒啦，唔好旨意咁就可以搵到正常感情。」

「咁借錢唔還嗰啲呢？」

「咪一 Q 樣！咁有乜分別呢？」我繼續講落去：「……妳同佢唔熟，咪正正就係『認識唔深』囉！妳唔瞭解佢哋嘅金錢觀，借錢畀佢哋就同『劉備借荊州』一樣，邊有得還㗎？尤其是得閒就問妳借三幾百嗰啲，九成係借咗十零廿次，然後一次都冇還過，然後完全冇咗影嗰啲仆街冚家鏟嚟，呢啲我都見識得多啦。除非妳當蛈咗或畀乞兒嘅心態借出去，如果妳肉緊啲錢的話就一個崩都唔好畀佢哋嘞，盞自己追債追到勞氣，然後仲反轉頭話妳係衰人嗰的嚟。」

小姐擰晒頭，樣甚無奈。

「唔好一味怪人，佢哋咁樣，好大部分係妳自己責任嚟。」

「又關我乜事呀？」小姐雙手一攤，掌心向天。

「點樣唔關妳事呢？經常遇上仆街嘅主要死症係『戀愛大過天』，將自己 100% 投資晒落條仔身上，同咗佢一齊就乜嘢都唔理，連老竇姓乜都唔知，乜都以條仔做中心，條仔話乜就話乜，條仔話唔用套就由佢唔用，然後俾佢中出埋就冇咗，之後一係生落嚟，一係就上深圳夾公仔，再之後條仔就嫌棄妳囉，妳明顯中晒啦。」

「……」

小姐無言以對，因為事實上佢確實係有幾次呢類唔經大腦嘅墮胎經驗。

「第二個死症係『乜都要人陪』，完全獨立唔到。獨立唔到，就求其搵條友陪自己，之後分手，然後又冇人陪又更加冇安全感，最後又 loop 返轉頭，又求其搵一個囉。妳問吓自己係咪咁丫？」

小姐仍然保持沉默，佢當然明白自己就係呢種人。

「第三個死症係『唔忿氣、唔甘心、唔認命、唔捨得』。明知對方有老婆有女朋友，妳本身都唔想做人第三者，但偏偏就要同佢繼續喎，點解呢？咪就係『唔忿氣、唔甘心、唔認命、唔捨得』囉。妳繼續做，就只會越唔忿氣、越唔甘心、越唔認命、越唔捨得，佢唔同正室分手的話，妳根本對佢就毫無辦法，但又覺得自己付出咁多感情心機時間金錢落去冇回報，於是又同佢繼續落去糾纏囉，又係 loop 死囉。妳數數自己有幾多個 case 係咁丫？」

小姐雙眼開始發紅。

「總之，妳解決唔到呢幾點嘅話係完全冇出路㗎。」

「我只係……想有個依靠啫。」小姐開始開水喉，我第一時間遞定卷廁紙畀佢。

「妳先要明白，人類出世嗰刻係冇人陪，臨死嗰刻都冇人陪，人本身就係孤獨嘅。妳而家不停咁搵人陪，最終係咪得到妳想要嘅嘢丫？妳而家咪就係冇人陪囉。妳越刻意咁做，只會越向妳期望嘅相反方向發展㗎咋。」

「我……好攰呀……」

「妳仲係用呢個模式去搵所謂嘅依靠的話，就只會更攰。妳嘅攰係嚟自尋找依靠失敗，遠多過想搵個依靠嘅攰呀。」

「咁用乜嘢模式去搵先好？」

「就係『唔搵』囉，點解一定要搵？當妳搵親都係失敗，而妳又改變唔到心態的話，咁只會一直失敗落去，因爲妳只係不停重覆行錯舊路。」

「即係我改到心態就得？」

「第一，改到心態唔一定代表妳會搵到啱嘅人，但點都好過完全唔改；第二，妳改到先算啦，就算妳呢刻改到，好快就會打回原形。結論係：妳不如唞吓先，學習同自己相處，冇返自己先啦。」

佢擰住頭講：「我眞係諗唔到點做呀……」

「我就係要妳乜都唔好做，畀自己停落嚟靜吓得唔得？首先斷晒所有呢類妳唔想要嘅關係佢，否則妳唔會搵到正常感情㗎。」

「咁樣……我會好冇安全感……」

「呢啲唔只係依靠咁少，直頭係依賴……安全感係自己畀自己，而唔係向外求返嚟㗎。再簡單啲咁講：冇仔唔撚使死㗎。」

當然，呢個case同上篇「百利篇 ‧ 十一」一樣，最後都係冇辦法解決，同樣係答案已經喺度，只係當事人唔願意去實行。

「今晚我係咪最後一個？」

「冇啦，成個商場啲舖都收晒啦。」我指一指櫥窗外邊。

望望走廊，頂燈梅花間竹咁熄咗大半，代表住商場大門已經落閘，起碼都接近十一點。

「唉，心煩。你收舖同我去諾士佛臺飲杯丫……」

我嘆咗口氣。「仲飲？返去早啲瞓好過啦。」

呢頭講完嗰頭就嚟，都話咗佢死性不改㗎啦，點救？占卜師嘅無力感，就係咁樣出嚟。

地藏菩薩曾經發下大願：「地獄不空，誓不成佛。」，咁多人都自我沉淪到直墮無間地獄，就算地藏菩薩幾有大能都好，救人嘅數目遠遠追唔上落地獄嘅數目，所以睇嚟佢應該永遠冇機會成佛，唉。

註 1＆3：「企一晚」為「one night stand」之粵語硬譯，意思為「一夜情」；其後的「ONS」為「one night stand」之略寫，意思相同。
註 2：「SP」為「sex partner」之略寫，意思為「性伴侶，單純以性行為作連結的關係」。

十三 · 日本巫術

我做完最後一個客後，收拾一下間舖嘅嘢，正準備收舖之際，有個男人突然喺門口度伸個頭入嚟。

「你好，你係……十三師傅？」

佢講完呢句，商場走廊燈開始梅花間竹咁一閃一閃，即係代表住百利商場已經開始落閘，大概係十點半到十一點到。

呢位先生咁突如其來，加埋燈光配合，嗰吓真係俾佢嚇一嚇。

「係……有冇乜幫到你呢？」

「Sorry 我冇打電話嚟約就走咗過嚟……」

「睇你個樣都好緊急吓喎……」呢位先生面青青咁，仲成面汗，似係跑住嚟。

「緊急就唔算嘅，係緊要囉……」

「坐低先，慢慢講。」我示意佢坐低，同時遞卷廁紙畀佢。

「唔阻你收工呀嘛？」

「你都坐得喺度，都唔爭在解決埋你個 case 先啦……請問你有乜嘢問題要問呢？」

「我都唔知算唔算係問題……我拎出嚟畀你睇睇先……」

佢隨即喺背囊度攞咗一個手掌唔連手指咁大嘅透明拉鏈膠袋出嚟，裏面有張摺成長條嘅白紙，大概不足手指尾咁長，半節手指咁闊；中間有一條紅繩綁住，個樣有啲似畢業證書卷起咗然後砸扁嘅縮小版。

我攞起成個袋，一邊照燈一邊問佢：「乜……嚟？」

「唔知，我見到都唔敢掂到佢，搵張卡紙挑起佢再放入袋，就攞過嚟囉。」

「咁……你點解覺得我會幫到你？」

「因爲我有個 friend 都係搵開你，佢話關於宗教古怪嘢你應該好有研究……」

「吓？邊位咁界面？當我江湖百曉生呀？」我腦中一邊懷疑，一邊企咗喺櫈上面，遞高袋嘢用太陽燈再照清楚，只見到裏面有一條條嘢，但唔知係乜。

佢抬起頭同我講：「佢話佢同你好熟，搵你好多次，佢叫阿素。」

我落嚟坐返低，但諗唔到邊個叫阿素。「先唔講阿素係邊個，呢包嘢喺邊度走出嚟？」

「喺我啲行李度……我一個星期前由大阪返嚟……」

「咁點解你會覺得呢件嘢係神怪嘢而搞到要搵我呢？」

佢指住袋嘢講：「因爲我對呢啲嘢好敏感，一知道有古怪嘢嚟就成身震晒，何況仲要見到……」

「見到……咩嘢？」

「你……睇睇紙嗰兩頭丫，好似……有啲黑色嘢伸出嚟咁……」佢啲汗比之前更大滴，咁我明白頭先佢嚟到啲汗唔係因為跑過嚟所以大汗，而係嚇到標冷汗。

我從一邊個紙口望入去，眞係有啲黑色嘢，但未清楚係乜。

我指住呢個袋對佢講：「我有一個大膽嘅假設，不如……我喺度拆開佢囉？」

佢聽到我呢個建議後，雙眼瞳孔同時震動。「好驚喎……會……唔會……一剪開就放咗隻乜嘢出嚟㗎？」

「唔知㗎，不過既然係由你帶過嚟的話，咁正常係冤有頭債有主嘅，佢應該第一個就係嚟搵你……」

「喂！唔好呀！唔好呀！」條友同之前某個客一樣，自己淆底過頭一邊喊驚一邊就走咗去，差不多走到去樓梯位置準備落去，快過踩油。

「你返嚟！返嚟先！」我企起身對住走廊大嗌，佢先慢慢咁一臉驚恐逐步行返過嚟。

佢行到舖頭前面就停咗喺度，唔再入嚟。

我對住門外嘅佢講：「第一，我講吓啫，都未正式落剪，你驚乜？第二，你認為你就咁走咗去，佢就搞你唔到㗎啦？件嘢係由你帶過嚟，目標人物係你呀，如果眞係『嗰味嘢』嘅話，你點走法佢都跟實你㗎啦！第三，就算你眞係要走，你連背囊都冇攞，你走乜嘢呢？最後咪又要淆晒底咁返嚟攞！」

條友慄到成身濕晒，大汗到好似跌落水咁。「咁……咁而家……點……點呀？」

「嗱，到家陣都未知係乜，我要諗辦法打開先確認到係乜事，如果你唔想我咁做的話，你就自己成包嘢帶返屋企算嘞，自己諗。」我一邊講，一邊指住呢袋搞到佢好驚嘅不知名物件。

我當然要將個波踢返畀佢，廢事一陣佢有乜冬瓜豆腐頭暈身㷫嗰陣就賴咗落我度，尤其是對住呢種凡事都先諗鬼神嘅迷信怪人。

佢喺舖外徘徊踱步咗一陣，然後伸返個頭入嚟對我講：「咁……家陣點都要整㗎啦，不過我喺呢度隔住玻璃望住得啦，唔入嚟啦。」

我擰擰頭。「唉，好好好，就咁。」真係未見過細膽過老鼠嘅男人。

先遞咗張櫈出舖外畀佢坐，我再搵張 A4 紙墊枱，然後將袋裏面嘅嘢倒出嚟，細心研究。

老實講，用得上精緻嚟形容呢件不明物件，我見到嗰張紙係有暗花，有少少似用嚟包住和菓子嘅禮物花紙，但我唔肯定係咪咁。我雙手各住一枝牙籤，挑鬆個結再解開，一拎開條繩嗰刻張紙自動彈直攤開……

紙嘅裏面係一條條好似頭髮嘅嘢，用啲不明液體黐住落張紙度……喂唔係喎，條條都孿嘅，仲見到有毛囊……竟然係……毛？？？

嗰啲不明液體份量唔多，已經變乾同發黃，一刮就碎，隨即有少少人體臭味滲出，應該係某種蛋白質……我有諗過係某種體液，但我又唔係化驗師可以拎去化驗所檢驗，當然冇辦法證實到，呢個階段只能冇責任段估。

「初步睇嚟，似係某種民間信仰嘅符咒或小型降頭……不如你講吓你喺大阪發生過乜事仲好……」

我一邊問佢，一邊洗定副牌，抽定三隻出嚟畀自己睇。

剛好身邊有個用嚟笠住蛋黃酥嗰種半球體嘅透明膠笠，於是就用佢冚住呢堆嘢，避免掂到。

「我喺大阪讀書，今次係讀完咗就直接返嚟之嘛……」

「係？當眞？你好似講啲唔講啲咁喎……」

我攤開啲牌：

Magician、聖杯二、權杖四

「『Magician』已經有『魔法』同『咒術』嘅意味，『聖杯二』就明顯講緊感情事，而『權杖四』就有『返嚟屋企』嘅意思……你係咪同人喺嗰邊發生過啲乜嘢感情事呀？」

「冇呀，邊有唧……咦咪住！」佢眼神定一定，咁應該就係佢諗到嗰樣嘢……

我再叫佢抽三張牌畀我。佢抽完牌，諗咗幾秒後繼續講：「我……喺飛田新地度幫襯過，咁算唔算？」

飛田新地係大阪着名嘅煙花之地，喺二十世紀頭已經開始營業，直到而家。佢地大多唔接受同外國人服務，除非客人嘅日文非常流暢。

「你……好似仲有少少嘢未講喎。」我再揭開手上三隻牌：

金幣二、Devil、寶劍七

「你成日幫襯㗎？」

「一個月一次到啦。」

「我就唔知你搞過乜，睇嚟比較似係爲咗留你呢個客嘅手段，甚至係條女對你有意，想綁住你令你好難離開到佢。」

「咁……我係長期幫襯一個嘅，但係之後……」

「之後點？」

「我……對佢有小小意思，有一輪私下有聯絡過，間中佢休息我地都有出嚟見面，嗰陣已經知佢同時都有意思，不過大家都冇表白到。後來我同佢講過話畢業後要返香港，但之後會返嚟……」

「嘿嘿，九成九係佢啦。」

「咁……呢包係乜嚟？點解裏面有……毛？」

「咁家陣幾肯定呢啲係日本民間巫術……以我所知，喺古代嘅日本，武士要出去打仗，佢老婆或者情人就會用自己啲陰毛去做護身符，去保武士嘅老公平安返屋企。搞吓搞吓，幾百年後呢一招變成用嚟拉返男人返去女人身邊嘅巫術又有幾出奇？」

「吓？我諗之後好少有機會再返去日本啦喎。」

「呢份嘢有冇力就唔知，但佢就係想你返去，自己諗啦。我係你的話就同佢老實交待淸楚，唔好要佢白等嘞，無論佢對你有冇心都好。」

我已經包唔返起頭先未拆之前咁靚嘅狀態，於是將全部嘢倒返晒落個拉鏈袋度再問佢：「咁呢袋嘢你係咪帶返走？」

「唔……唔好，我點知仲帶住喺身有冇古怪？你幫我處理啦！」

「梗得㗎喎，收你錢之嘛，多謝千八。」

其實呢個數我求其亂咁噏，因爲我根本唔係做呢樣，唔會知價。點知，條友就眞係拎出千八直接遞畀我。

諗落又係，條友每個月都去一次飛田新地，仲要係讀書期間，卽係屋企供養得到佢嘅，咁應該係有錢仔，早知我就吹大啲個數啦，笨咗添。

「咁……十三師傅你可唔可以陪我落去呀？」

收咗佢錢佢就係老細，陪佢落樓呢啲小事有幾咁閒。「得得得，記得攞返背囊，唔好漏嘢呀，我而家同你落返去。」離開前仲摱咗少少廁紙畀佢繼續抹汗，自問眞係服侍殷勤周到。睇嚟而家佢個情緒已經好似好過之前，起碼冇再臉青先。

行落去嗰陣，我再問佢：「頭先你講嗰個阿素係邊個？佢做乜㗎？」

「佢以前係空姐，而家喺 cafe 度做經理。」

「頂！原來係佢！」

「師傅你同佢好熟㗎？」

「好熟，當然熟，哈哈。」

「咁熟的話，你唔好講我啲嘢畀佢知喎……」

「哦，客人私隱我地唔透露嘅。」

「……咁……咁就好，因爲佢係我中學同學，早幾日聚會見過佢，而家我追緊佢，唔想俾佢知太多。」

「明⋯⋯明白。」我忍笑中。

送佢兩層樓嘅路後，我返上舖先開始爆笑。

我打電話畀 Z 小姐：「唔該阿素小姐，請到櫃底聽電話。」

「頂你，你點知我中文名㗎？」

「咁就要問返妳自己介紹啲乜嘢怪人畀我嘞。」

「吓？佢搵咗你呀？佢有乜嘢怪？」

「乜都怪，連介紹佢嚟搵我嗰個都咁怪。」

「我有乜咁怪？我介紹生意畀你做喎，仲想點？」

「佢啲嘢太過私隱，唔講得呀。」

「咁奇怪？？？」

「有一樣嘢講得就係，條友好鬼細膽，嚇到佢臉都青晒，就嚟瀨尿，但係件事其實又冇乜嘢。」

「吓？佢講到自己天下無敵咁滯㗎喎！」

「對住妳就咁講囉，對住我就⋯⋯嘿嘿嘿！」

「你條仆街，成日想引我！」

「唔會講呀，私隱點講得喎。」

「咁你就仲仆街，唔俾得我知都要繼續引我！」

「想證實一下妳係咪眞係識佢啫。」

「你賺咗佢錢，咁就請我食宵夜，我就收工。」

「得，不過妳等我一陣，我仲要處理佢嘅嘢。」

「吓？佢唔係走咗啦咩？仲有乜佢嘅嘢要搞呀？」

「唔好問，我轉頭上嚟妳 cafe 度，等我一陣。」

收線後，我就收舖，拎住袋嘢落樓下，行到某個公園仔暗角位將成份嘢燒咗佢。唔知係我多心定係點，一點着張紙同啲毛嗰吓，啲煙變咗一個女人嘅外形，但好快就散晒冇咗。

正所謂「受人錢財，替人消災」，我收得佢錢就要做足功課，燒完就走人，其他嘢我一概唔知。

燒完嗰堆嘢後我上咗 XX Cafe 等 Z 經理收工，同佢一齊食宵夜，然後佢就上咗我度過夜。

第二朝係星期日，天氣幾好，難得嘅烈陽藍天，我又唔使返工。

Z 挨咗就喺旁邊，枕住我右邊膊頭。

「條友妳點識返嚟？」

「中學同學嚟，中一至中七都係同一班。」

「妳同佢都好勁喎，讀咁多年都冇轉校。」

「唓，嗰陣啲書邊使讀㗎？考試前溫一個禮拜就考㗎啦！」

我作狀驚訝，然後向 Z 拱手作揖。「厲害厲害，佩服佩服，小弟堅廢，中學都分開三間嚟讀。」

「咁條友仔頭先搵你做乜？」

「妳知我唔講得㗎喎……不如反過來問妳點解會將我個 contact 畀咗佢仲好。」

「四五日前中同聚會，因為佢去咗日本好多年，佢啱啱返嚟就成班約佢出嚟。佢同我講起懷疑喺嗰邊中咗啲污糟嘢，咁咪叫佢搵你睇睇囉。」

「咁當時有冇覺得佢唔妥？」

「當晚就冇，之後幾日就日日約我，古古怪怪咁。」

「咁妳有冇再見佢？」

「有呀，佢話食飯，我提議話同佢食個 tea，因為夜晚趕住返 cafe，食晚飯就趕唔切，咁佢好似逼於無奈咁先話好咋。」

「嘿嘿嘿。」

Z 語氣一變。「你一定知啲嘢，好快啲講。」

「唔講。」我扮自己個咀係拉鏈，對住佢做一個用手拉埋佢嘅動作。

「係咪咁衰呀你？」Z 小姐扮起個惡樣，其實佢咁樣我係好鍾意。

「嗯，係。」我專登激佢嘅。

「哼！正衰人。」Z 個樣點扮嬲，其實好冇殺傷力。

「唉，咁我先問妳……食 tea 嗰日佢有冇啲奇怪表現？」

「其實又冇嘅，不過……」

「不過乜呀？」

「見完佢之後，佢就成日 send SMS 過嚟問長問短囉……做乜咁問？」

「佢……同我講呢，話……追緊妳喎！」

「咦……你講笑咋哇？？？」Z 一邊講，一邊皺晒眉頭，露出一副嫌棄嘅眼神。

「唔係呀，眞㗎。嗰晚我送佢落樓，佢就話叫我唔好同妳講咁多，因爲家陣溝緊妳，就唔好搞到佢形象太負面之類……」

Z 邊講擺手。「唉，thanks but no thanks 嘞。條友太過自大，成日覺得自己好勁咁，一知道有機會去日本讀書，成個人即時囂晒啦。同佢做 friend 就勉強 ok，做男朋友就眞係頂佢唔順。」

「咁妳知唔知佢之前有冇拍過拖？」

「應該就冇嘞，條友讀書嗰陣好毒㗎，成日玩埋啲乜嘢筆仙錢仙神打嗰啲，神神化化咁，已經搞到啲女怕咗佢，佢點會有女丫！」

「咁妳又同佢 friend 到嘅？」

「唔知喎，我嗰陣個頭剪到好短，個樣好似男人，講嘢把聲又倔，可能嗰陣佢當我男人啩。」

「所以一見到妳變返個女人，就即刻話想溝，哈哈哈。」

「唉，九成九。」Z 反白眼。

「咁佢喺日本嗰期，有冇聽過佢啲感情事？」

「條友成日話自己食㗎妹㗎，我就唔係好信嘞，應該吹水居多。」

「食定識呀？」

「佢話食呀，所以我先唔信佢咁講囉。」

「嘿嘿嘿。」

條友真係食到咁多㗎妹的話，又使乜去飛田新地仲要玩到沉船？呢個可能性唔係完全冇，但玩家嚟講就真係好低囉，所以當晚條友同我講嘅嘢應該係真嘅。

隔咗大概一個星期，有一晚返去百利開舖，一升起度鐵閘，條友就喺我背面無聲無色咁出現……

「我唔返去唔得啊……」我擰轉頭，條友塊面青過青瓜。

「哇你又嚟嚇我……你講咩呀？」

「我唔返去大阪唔得啊。」佢一路講，個頭一路左右微微擺動，望落就知有問題。

我行入舖，繼續問佢：「點解咁講？發生乜事？」

「上次帶過嚟嗰啲『嘢』越嚟越多啊！」

「你指……嗰啲用紙包住嘅『毛』？」

「係呀……搵吓一個，搵吓又一個，跟住搵到成百個出嚟……」

「你……講眞？」

「眞㗎……眞係有咁多呀！」條友一邊講，一邊喺背囊抽出一大包嘢，全部都係同上次同類型嘅紙卷，不過有部分紙卷係上次嘅兩倍咁粗，而且中間綁住嗰條繩唔係紅色，係接近紅色嘅深橙色，總數差不多佔三分之一。

我即時開咗舖頭啲燈，拎住佢嗰包紙卷問佢：「今次拆唔拆？」

「你……照拆，我……照喺外邊睇住。」條友今次識自動自覺拎張櫈出舖外面坐。

「你又係咁……得得得。」我已經冇佢咁好氣。

我就拎起其中一個用深橙色繩綁住嘅紙卷，同上次一樣用 A4 紙鋪枱面，然後用兩枝牙籤逐少逐少拆開。

解開個繩結後，紙卷照之前一樣彈直，但裏面嘅唔係陰毛，竟然係……檜蛇乾？？？咁唔怪得大碌過之前嗰卷啦。

睇眞啲又唔似香港見到嘅檜蛇，因爲佢啲手指腳趾好尖，唔似一般嘅檜蛇咁啲手指腳趾都係漲大，何況，佢身上竟然有一陣 BBQ 嘅炭味……我開始知發生乜事。

「炭烤蠑螈，喺古代日本嚟講係用嚟催情用。」

「都……係巫術嘢？」

我隨手抽三張牌睇睇：

Devil、High Priestess、聖杯二

「啲牌咁出法，睇嚟都係嗰亭嘢嘞。」

「咁……咁……而家點算呀師傅？」

我揿住頭同佢講：「先生你今鋪真係考起我嘞……」

佢聽到我咁講，成個呆咗，塊面仲青過頭先。

我腦中突然諗起一個故人，佢可能幫到手。

「唿，唔知得唔得，你試吓喺廟街搵一個人……」

「邊個？佢叫乜名？」
「青峰子，不過佢神出鬼沒，冇自己檔口，周圍擺，亦冇固定時間擺檔，你搵佢只能靠彩數。」

「搵到佢，就照同佢講？」

「係呀，帶埋你呢袋嘢畀佢睇。記得撻我朶話我介紹，不過佢唔一定幫到你，而家只叫多個希望咁解。

「咁佢而家有冇開檔呀？」

「我唔知喎，你打算而家就走過去？」

「係呀，我即刻走過去撞撞。」佢拎返嗰袋嘢之後就即刻跑去廟街，但佢偏偏拎漏咗我拆開嗰一個紙卷。

都廢事聯絡佢嘞，我即時拎住呢份嘢，都係同上次一樣行去公園仔暗角處燒咗佢。今次燒嗰陣冇乜特別，係臨燒完嗰陣有陣怪風，成隻蠑螈乾化咗灰，一吹就散晒咁啫。

一個月後，Z 又上嚟我度過夜。佢問我：「最近條友有冇同你聯絡？」

「都好耐啦，做乜？」

「佢失咗蹤成個月。一個月前佢約過我，點知之後搵極都唔見人，但又唔講 cancel，完全冇辦法搵到佢，電話又打唔通。」

「妳有冇佢家人嘅聯絡方法？」

「冇，我都唔識佢啲家人嘅。」

「其實……佢眞係啱啱好一個月前搵過我……」
「我仲以爲你頭先講第一次添。」

「唔係呀，第二次呀，佢又係失驚無神走過嚟。」

「咁今次搵你做乜？」

「簡單而言係……比上次更嚴重嘅事。」

「佢第一次嚟嗰陣，你唔係解決晒佢嘅問題嘅咩？」

「邊有，斬腳趾避沙蟲㗎咋，我同佢講過話要完全解決就要返大阪。」

「咁第二次呢？」

「我叫佢去廟街搵個高人，但佢都冇覆過我最後有冇搵到。」

我同Z互相對一對個日子，原來條友失蹤應該係相差前後一日，甚至好可能係同一日。

「小姐，咁妳家陣想點先？」

「同佢相識一場，雖然佢都唔係乜嘢好人，但話晒都係由細玩到大嘅同學，都唔想睇住佢出事嘅……」

「咁我落廟街睇睇。」

「我同你一齊落去。」

當晚七八點左右，我同Z落廟街搵青峰子，咁啱一搵就見到佢坐喺路邊。

「青峰子！」

「喂細佬！做乜咁耐唔見你嚟？去咗邊度發財？」青峰子啱啱坐低，佢一邊講一邊除低佢個斗笠，然後拎出「青峰子」三個大字嘅過膠招牌出嚟準備開檔。

「唔好講呢個住……有啲緊要嘢要先問你。」

「細佬，你梗係問一個月前嚟搵我嗰個傻仔啦！」

「就係！佢真係有搵到你！」

「條友好唔掂喎！一嚟到就話你介紹，我睇佢啲氣色好曳，跟住就拎住一包陰氣好重嘅嘢出嚟，話自己俾人搞，問我點算……」

「咁……之後呢？」

青峰子向天后廟方向指過去。「之後叫佢自己喺廟前搵個位燒咗嗰包嘢佢，燒完就過返嚟搵我，點知條友燒燒吓突然發狂咁叫，話『我要返去！我要返大阪先得！』，然後邊走邊叫咁跑走咗囉，我敕完道五雷符都未畀得切佢，唉。」

「條友已經失咗蹤成個月到而家啦。」

青峰子搖搖頭。「見到佢嗰陣已經知其實冇乜得搞，業報，天意！」

「點解咁講？」

「有啲嘢，盡力都有個限度，佢要去死，你唔通唔畀佢去死咩係咪？幫完佢，問心無愧就算㗎啦，擔心嚟都冇用。」

我同 Z 面面相覷，而條友從此就人間蒸發，冇人再搵到佢。

條友本身就獨居，多年來都冇透露過佢住邊同家人狀況，所以就更加冇得追查落去。

正所謂「盡人事，聽天命」，我已經幫到佢盡，最後搞成點就係佢自己嘅事，聽天由命。

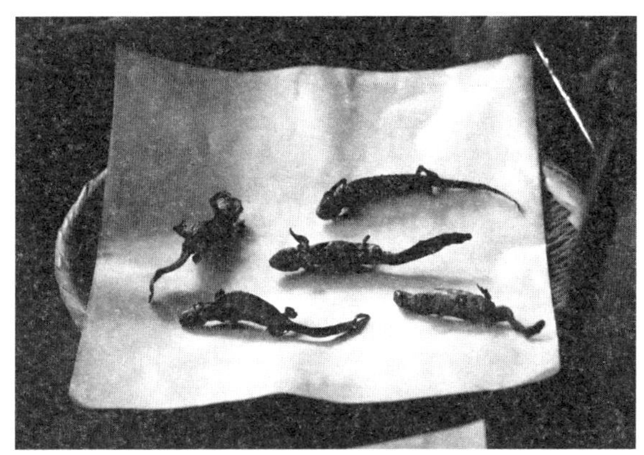

十四 · 借我過橋嘅多娜

做緊枱客期間，忽然有個電話打嚟，劈頭第一句就係「你肯畀『多娜』返屋企未？」

突如其來嘅一句，我俾電話裏面嘅男人打窒咗。最大鑊係，我對「多娜」呢個名有少許印象，但一時間醒唔起邊度聽過，所以我唔可以咁快反駁佢，就係擔心會搞出第二啲問題。

「吓？」

「你唔好喺度扮撚晒嘢啦，我知佢而家就喺你呢度㗎。」

我左望右望望埋走廊，面前就只得一個客，仲係男嘅，睇嚟佢個款點都唔似叫多娜啩。我爲求保險穩陣，就用手掩住個電話問前面個客：「你……係咪叫『多娜』？」

「吓？邊個係『多娜』？你問我呀？」

佢咁嘅反應，明顯唔係面前呢個客叫個名叫多娜啦，亦唔係呢個客認識嘅人，亦都冇可能喺舖頭度有多娜呢個人存在。

我繼續聽電話，裏面再傳嚟一句：「你條神棍正一仆街冚家鏟，搞到佢混混沌沌，佢一個月幾萬蚊人工就係俾你昆到清袋咁滯，你放過佢啦好冇？因住生仔冇屎窟呀！」

大佬，家陣佢呢個指控好嚴重喎，已經講到我行騙，更何況我根本就冇收過咁多錢！不過，我決定即時收線兼熄電話，因爲喺聽電話途中我終於醒起，記得呢個名。如無意外，多娜就係一星期前搵過我嘅客，

我要搵佢搞清楚發生乜事先得。

搞掂埋面前呢個客後都隔咗成個鐘，我先再開返着部電話，一見到畫面已經有幾個 voice message 彈出嚟。都唔理嘞，九成都係頭先嚟搵老婆個男人留低嘅，都大概估到乜嘢事；我再㨂返電話啲舊通話記錄，好彩搵得返多娜呢個電話出嚟，否則之後有排煩，最少我唔想再同嗰個男人接觸，除咗呢啲男女之事本身就好麻煩之外，仲好可能會有麻煩同危險，點知會唔會又嚟一劑廟街嘅「『茄 win 娜』事件」㗎？

我直接打畀多娜。個電話響咗成三十秒，但都冇人聽。我正想收線嗰刻，個電話就接通。通就係通，但係我只聽到嘅係……一段女人嘅呻吟聲。把聲唔係好清楚，但都持續咗五六秒，之後就「噗」一聲收咗線。

我以為自己聽錯有誤會，於是再一次打過去。今次快啲，廿秒到就通咗，而今次聽到係清晰嘅女人呻吟聲，維持咗十秒，而最尾係聽到當中嗰把女聲講：「唔……好……呀呀呀！」，跟住都係同之前一樣「噗」一聲收線。

一樣比一樣離奇，一次比一次刺激，聽到個電話咁樣我真係呆坐喺度。

本來諗住打第三次過去，諗諗吓都係咪嘞，正所謂「阻人扑嘢燒春袋」，我自己嗰個係個人特別版，燒咗的話就冇得另外配過個，我話晒都後生遙遙前途無限，仲有排要用㗎。

開始回憶返一星期前多娜搵我要問嘅嘢，諗諗吓真係唔多妥，於是我就多手抽張牌嚟睇睇，一抽出嚟打開，已經笑出聲。

Devil - 聖杯三

嘿嘿嘿！玩呢啲！睇死佢會咁啦！

不過都係聽日先再打算啦，家陣我都冇乜嘢可以做到，何況個男人冇再打嚟繼續騷擾我。

多娜係一個外表非常清純，但裏面反差超級大嘅太太。

第二晚大約七點幾，多娜突然喺舖頭出現，當時我啱啱收工過嚟開舖，可能呢個時間係食晚飯嘅關係，所以冇乜人行。

「十三哥，sorry 呀。」多娜個樣尷尷尬尬咁。

「尋晚搞乜？」

「我……借咗……你過橋。」多娜越講越細聲，塊面越嚟越紅。

「妳……點借法先？講淸楚件事好喎。」

「我話我嚟搵你占卜，幾次都用呢個藉口嚟耍我老公……」

「咁實際……妳做咗乜嘢先？」

多娜開始眼紅紅，聲線同時變啞。「你……唔好同我老公講丫，我求你丫！」

「唔係，我淨係想知發生乜事啫……」

「尋晚……你……應該聽到晒㗎喎……」而家多娜塊面紅過利是封。

我擰擰頭對佢講：「我知妳尋晚搞過乜，我都無謂重覆再提嘞，只係想知妳同乜嘢人啫。」

「點解……你要咁問？知嚟做乜？」

「因爲妳老公尋晚講到我昆晒妳成份人工，想知道做乜會關係到錢嘅事？」

「我……搵鴨仔，有一個我好迷，於是……就包咗佢。」

我雙眼一瞪。「就係尋晚嗰個？」

「嗯……你唔會同我老公講㗎可？」

「咁而家妳打算同妳老公點解釋？妳解釋唔到的話，佢就要搵我解釋啦喎！」

「我會諗辦法，總之我求你唔好同佢講。」

「唔係呀，如果佢搞到上嚟呢度的話，我眞係冇得瞞落去，唔講唔得㗎……我仲要開檔做生意㗎。」

「唔好啦，我求你丫……」，多娜一邊講，一邊解開本來已經綻到就嚟爆嘅襯衫鈕，露咗好大條罅出嚟……

我一見到佢用到呢招，唔係興奮，而係驚，卽刻喺位度攞自己件風褸冚住佢個身。

「妳咪癲啦，一陣妳老公突然殺上嚟，咁我咪水洗都唔清？到時唔係神棍都變咗係囉！扣返件衫啲鈕先啦妳！」

多娜一邊扣返埋啲鈕，一邊就不停講「求你唔好同我老公講丫，我乜都應承你丫。」

「乜都應承？妳話㗎，我留返起個機會先。咁妳先好好處理妳同妳老公嘅問題。」

「好好，我一定唔再俾老公搵你，求你眞係唔好講啊我求吓你！」

我咁樣好似好邪惡，但呢個「機會」我到家陣都仲未用過。如果我係個夠卑鄙賤格嘅人的話，年中都唔知有幾多呢啲傻傻嘅少女少婦自動送到埋口，仲要食完唔會有手尾跟。

有人講過，如果我喺枱底裝部錄音機或偷拍 cam 的話，年中咁多呢啲客嚟到，隔一排就打個電話「關心」一下佢哋嘅心理狀況，順便播返少少錄音出嚟，提一提佢哋嘅過去往事，令佢哋回復記憶，咁呢世眞係唔使點憂。

做呢行有心要呃女又食又拎眞係好容易，我就係唔夠卑鄙賤格，冇做呢啲事，所以家陣仲係咁窮困不停要搵嘢做，因爲我怕因果報應啊。

十五 · 好硬頸嘅阿仙

剛剛有美女看倌問我一個對我嚟講幾尷尬嘅問題：「你喺文章上寫自己嘅占卜都好準，咁有冇試過唔準嘅時候？」

呢位靚女讀者果然冰雪聰明，佢呢個問題非常尖銳，一嘢就刺中我一個頗大嘅要害。

老實講，寫得自己嘅故仔大多都係隱惡揚善，點會刻意寫自己樣衰嘅一面？但今次我偏偏想寫一寫後果都幾嚴重而無力回天嘅撻 Q 經驗。

有一晚，我正拉閘開舖之際，電話響起。

「喂，十三，阿仙呀！我想一陣過嚟百利搵你，你喺咪舖度呀？」

「哇，稀客，妳過嚟丫，我啱啱開檔之嘛。百利二樓『男人 · 老貓』呀。」

「得，知呀，而家就喺 QE 搭的士過緊嚟，好快。」

「慢慢啦，等妳。」

阿仙係我以前一個抱有好感嘅女仔阿 Q 嘅好姊妹。多數嚟講，呢啲所謂姊妹都冇乜邊個好人，永遠都係妨礙大事兼損人不利己嘅麻煩是非精，但阿仙好唔同，佢從來冇向 Q 小姐講過我半句壞話，但係佢亦冇幫過我講過任何好話，因爲喺佢嘅角度嚟講，感情嘅事喺二人之外嘅人就係外人，根本唔應該加把口，不論評論好定壞都一樣，所以我眞心覺得佢非常好，甚至有啲佩服，我亦唔介意約 Q 小姐嘅時候阿仙都在場，甚至有時比 Q 小姐仲更加好傾。

自從阿仙結婚之後，自然就冇咁多時間出嚟，始終佢都有個家庭喺度，咁我已經好少再同佢見面，連 Q 小姐都話見少咗佢好多。

今次 Q 小姐唔在場，而我同佢單獨見面，應該係咁耐以來第一次。

半個鐘後，阿仙嚟到。

「哇，我同你單獨見面今次係第一次呀！」佢一嚟到，已經覺得佢臉色痲痲地，一浸灰色嘅「霧」蒙住，望到都唔精神。

我揚手示意佢先坐低。「咁妳仲係第一次嚟我間舖添！突然走嚟搵我有乜事？」

「係呀，同我睇睇健康得唔得？」

「妳……有乜事搞到要喺 QE ？」

「唔正常出血……」佢指住自己個肚繼續講：「……尋日晏晝喺街，個肚突然勁痛，痛到標冷汗要踎喺度，啲人同我打三條 9 叫白車，去到又突然冇痛，但又有出血，所以就入院check，check完又冇乜嘢講，叫我之後覆診再 check，然後就趕我出院，快到丫……」

佢一邊講，我一邊皺住眉頭洗牌……

「咁即係睇妳發生乜事，係咪咁？」

「係啦，佢講到唔清唔楚咁。做手術唔煩呀，要做咪拿拿臨做囉，我係驚佢咁求期睇漏嘢咋。」

「得，同妳睇睇，妳隨手抽三隻然後直接畀我，唔好揭開。」

阿仙抽牌都抽得好猶疑，諗咗好耐先抽晒三隻，睇嚟佢自己都確係有擔心。

Hierophant - 寶劍四 - The World

「Hierophant」係有「醫院」、「醫生」、「接受專家意見」等等嘅意思，咁喺呢個 case 就非常合理丫，但係之後嘅「寶劍四」同「The World」我就有啲猶疑，係指當事人「手術後休養期完畢而完全康復」，定係指「手術後長時間瞓喺度最終生命完結」？兩個講法都解得通喎……

當時我真係唔識揀，唯有揭開整副牌嘅底牌睇睇，因爲底牌係有「整鋪牌嘅主旨」嘅意思……

The Moon

呢張牌有「前路迷茫」、「模糊不清」嘅意思，還好都有「要清晰就要向前行」嘅比喻，我只好同阿仙講：「得啦，冇嘢，照返妳應該要做嘅嘢就得。」

「係咪眞㗎？」

「應該……冇問題嘅。」

「咁我信你㗎啦。」

「得啦，妳聽醫生講就得。」老實講，當時我答得好心虛。

「十三，唔好同 Q 講，我怕佢擔心。」阿仙就係一個咁體貼嘅女人。

「……嗯，得。」

阿仙好快就決定做手術，醫生話兩三個星期後。

臨做手術前佢 send 咗個 SMS 同我講：「要入手術房啦，搞掂出嚟請你食飯。」

我回返佢：「得，等妳。」

點知阿仙呢句已成永訣，我再見到佢嘅時候就係佢嘅出殯當日，佢叫食飯呢個約定應該要下世先可以應約。

「你做乜唔一早同我講？」Q 問我嘅時候，係帶住幾分責備嘅語氣，雙眼亦發紅。

我捽住額頭對 Q 講：「佢千叮萬囑叫我唔好同妳講啊，咁我可以點？」

「阿仙點解妳乜都自己攬上身喎！我真係接受唔到啊！嗚！」Q 攬住我喊得好緊要，我唯一可以做就只係可以安撫佢。

我地坐喺阿仙遺照前幾個鐘，直到殯儀館開始閂門，堂倌嗌我哋兩個先至離開，而我哋兩個係當晚最後離開嘅賓客。

我有諗過，如果時間可以返番轉頭的話，當日我唔應該咁樣答佢法。

後來，我再諗，如果我當時叫佢唔應該做手術，咁佢係咪就唔會死？其實諗落又未必。唔正常出血係可大可小，我又唔係醫生，醫生認識嘅一定比我哋普通人多，咁其實冇理由唔聽佢哋嘅專業判斷。

到近來呢幾年算係叫諗通咗嘅係：

一、占卜師可以睇嘅嘢其實好有限，最後決定點做嘅責任都係喺返問卜者自己嘅身上；
二、好多決定，尤其係人生中嘅大關口，好多時你點揀都係錯，我哋只能揀一個相對冇咁錯嘅做法；

三、最大嘅可能係，你以爲自己有得揀，其實根本就冇任何選擇；
四、作爲占卜師，占卜時一係就狠狠講出答案，縱使個答案係非常難以出口；一係就索性唔好接呢個 case，簡單嚟講就係唔好有半分猶豫，一有猶豫必衰咁滯。

再諗落去，其實當日開出嚟嘅牌都係正確，只係我答佢嗰刻眞係猶豫咗。如果舖牌答案係好壞各佔一半，應該係同佢講「我睇唔到」就算，亦無謂將個責任推到自己身上。

後來喺阿仙老公口中得知，阿仙發現自己身體出問題嘅時候其實好遲，已經到咗末期後段，就算佢冇搵過我開牌，其實佢自己都想不惜一切去做手術，阿仙只係搵我呢個完全唔知情嘅人去 support 佢心目中嘅答案。

即係話，當日阿仙嚟嗰陣，佢都對我隱瞞部分嘅病情，甚至自己強行出院嚟搵我都唔定；相反，如果當日我叫佢唔好做手術的話，可能更加令佢唔知點算，或者係用第二啲不明來歷甚至徒勞無功嘅治療方法而令病情拖延。

阿仙就係一個咁鬼硬頸嘅女人。

十六 · 新花都嘅四娘

冇諗過喺「流浪篇 · 二十」當中「四娘」呢四條女原來係咁受看倌們歡迎，好多人都私底下想知佢哋嘅嘢。徇眾要求，就講講佢哋四個同我之間嘅故事。

「四娘」呢四條女，本來就係我嘅客人。

電話突然響起。「十三師傅，一陣上你度開牌方便嘛？我仲有三個姊妹一齊要睇，十二點我哋先收工，行過嚟大概十二點半前，會唔會好夜？」

嗰陣我剛剛喺舖做緊枱客，都差不多做完。雖然好鬼攰，但難得一次過有四個客，咁大枱客冇理由唔做埋佢。

「得啦，照樣過嚟啦，知我地址呀嘛？到咗就再 call 我，我落嚟開閘畀妳地。」

「得，ok 呀，一陣見丫。」

開頭我以為佢哋係做 sales，所以先要咁夜收工。

再次收到佢哋電話，咁我咪落樓下叫保安大佬升起度閘囉。

「十三哥，唔好意思呀搞到你咁夜。」

佢哋嘅衣着同打扮，明顯唔係 MK 妹嘅級別，當時已經感覺到佢哋嘅強大氣場。

「呢啲好小意思，上去先再講丫。」

上到去，因為人太多，舖又細，所以我一早就搬定咗啲枱櫈出嚟走廊，唔使咁逼。喺舖頭嘅射燈之下，先見到佢哋四個個妝都化得超勁，基本上唔會估到佢哋個真樣係點。

佢哋分別叫 Bibi、Cici、Kiki 同 Mimi，呢幾個名喺而家嚟講有啲老土，但係喺廿幾年前，好多「老泥妹」都係用呢堆名。

「妳哋就喺對面馬路開工呀？」

「係呀，咪就係新花都囉，行過嚟都唔使兩個字。」Bibi 吹出一啖又遠又長嘅煙，同時亦都毫無避忌坦蕩蕩咁向我提及自己嘅出身。

咁而家就明白點解佢哋嘅稱呼會咁「一致」，因佢哋都係喺同一間夜總會度做，呢啲搵食用嘅「花朵」先容易令客人記得。

佢哋做乜嘢？當然係做小姐啦。

「咁……妳哋邊個問先？」

「就我問先！」Bibi 擔住口煙繼續講：「喂，妳哋三個出去前面煲枝煙先丫。」

「妖，麻撚煩煩，正一濕鳩。」Cici、Kiki、Mimi 略帶不滿行到一齊樓梯口，而家就淨係得返 Bibi 喺度。

「頭先講咗話先問私人嘢㗎嘛！」Bibi 向遠處嘅三人聲明。

佢一轉頭過嚟，就細細聲問我。「喂，想問吓呢，個客點睇我呀。」

「做乜咁神秘？」我洗好牌後，一字搧開喺佢面前。

「唉唔想俾佢哋知我問邊個呀。」Bibi 仍然 keep 住細聲，始終成個商場除咗佢哋四人之外都冇晒人，靜得交關。

Bibi 感覺上係四人中嘅大家姐，談吐豪邁，但要搞到佢用呢個語氣講嘢，呢個人一定喺佢心目中有一定份量先令到佢可以咁低聲下氣。

我叫佢揀四隻牌，放喺我面前。

Bibi：**權杖二**
客人：金幣六
兩者之間：權杖四
Ending：**聖杯八**

「呢個……客嚟㗎喎，我眞係怕妳諗得太多喎小姐。」

「但係佢好似對我好有 feel 咁喎。」

「定係妳自己對佢好有 feel 咋？」

「……」Bibi 俾我呢吓咁突然嘅反問搞到 hang 咗機，同時嘴唇緊閉。當然啦，因為我呢個先係佢眞正答案。

「佢只係覺得自己係消費者㗎咋。」我指一指「**金幣六**」呢張牌裏面企喺度畀錢乞兒嘅有錢人，踎喺度接受金錢嘅「乞兒」自然就係 Bibi。

Bibi 定咗格，四人之中佢係最嘈嘅一個，問一個問題就成個靜晒，呢個答案好明顯唔係佢想睇到嘅嘢。

佢隨即吸一口好大嘅煙，無奈講出兩個字：「屌，算。」然後揸住枝煙，起身行去三個人嗰邊。

見到佢哋四個商討咗一陣，跟住到 Cici 自己一個行過嚟。

「妳又要問秘密嘢呀？」

「都……係㗎。」

「咁妳想問乜嘢丫？」我一邊講一邊洗牌。

「想問呢……我鍾意咗個男人，想知佢點睇我呀。」

「秘密到唔想佢哋知？」我手上嘅牌再次一字揙開。

「都……係。」

「抽四隻畀我啦，唔好打開呀。」

「得……唉好緊張添。」佢每抽一隻牌，都要考慮成十秒。

Cici 應該上係四人之中年紀最細嘅一個，好妹妹嘅感覺。

Cici：Emperor - **聖杯六**
男人：金幣六
兩者之間：金幣三
Ending：Fool - **倒聖杯** Ace

又**金幣六**，仲要 Bibi 舖牌同一位置……有古怪，嘿嘿。

「佢年紀應該唔細，隨時大妳十幾廿年㗎喎。」

「三十年都有可能啊！」

「唔怪得啦，抽埋啲『阿爸牌』！」我指住「Emperor」同「聖杯六」，擺明係成熟男人嘅形象，亦都顯示 Cici 一向鍾意阿爸型嘅男人。

「嗯，都係㗎。」佢自己一邊講一邊笑，我就知佢答案相距不遠。

「不過呢……呢個係咪客嚟㗎？佢只覺得自己係畀錢妳使，冇乜感情㗎喎。我怕妳諗多咗咋。」

「乜……咁嘅咩？」Cici 開始語塞。

「睇牌嚟講就係嘞，我寧願妳喺佢身上盡力搵錢好過。」

佢望一望遠處嘅三個人，回頭再問：「眞係冇辦法呀？」

「冇啦，因爲喺佢角度嚟講有揀嘅自由。」我指住「金幣六」呢張牌裏面兩個乞兒，畀錢嘅人選擇只畀錢落其中一個而唔畀另一個。

「嗯……」Cici 好落寞咁起身，擰轉頭走向佢哋三人，好快第三個就過嚟，佢係 Kiki。

「想問乜嘢呀妳？」我將洗緊嘅牌疊好一疊。

「感情丫。」

「『感情』呢兩個字唔係問題嚟，妳要問乜嘢人先？」

Kiki 諗咗成兩分鐘，先開始戥到幾隻字出嚟：「問……我……同某人丫。」

我將棟牌喺佢面前打橫搧開。「咁樣樣⋯⋯抽四隻丫。」

Kiki：Hierophant - 聖杯二
某人：金幣 Ace
兩者之間：金幣三
Ending：倒 Wheel Of Fortune - 倒金幣騎士

嘿，好笑。同 Cici 嗰鋪重覆「金幣三」仲要位置一樣，妳地班友冇嘢就奇。

「乜⋯⋯佢同妳有感情嘅咩？」

「我⋯⋯就係唔太肯定⋯⋯」

「客嚟㗎？」

「⋯⋯嗯。」Kiki 竟然「紅都臉晒」。

「唉⋯⋯」我擰住頭講：「客嚟㗎咋，傻妹。」

「我覺得佢同其他客有啲唔同⋯⋯」

「簡單而言呢⋯⋯總之唔好俾呢啲假象呃到啦，人哋畀錢係求開心㗎咋，乜嘢說話都講得出嚟㗎啦。」我指住「倒金幣騎士」呢隻牌。

「即係點解？」

「有錢揗，仲可以亂揗，揗到其他女身上，妳信佢只同妳一個講感情呀？」

「我⋯⋯覺得唔係咁。」

「但我睇到係咁嘛……歡場講真心？妳都係做呢行，妳認真？」

「……」剛剛我呢嘢篤得佢夠應，應到佢反駁唔到。

我再下一城，希望佢有所醒覺。「妳再諗諗我講得有冇道理先丫。」

「……」Kiki 仍然冇出聲，咁係一件好事，起碼佢真係覺得有唔妥甚有所懷疑。佢起身走向三人，交頭接耳咗一輪，就到最後嘅 Mimi 過嚟。

「今次到妳問乜呢？」我邊問佢邊洗牌。

Mimi 拉一拉張櫈坐直個身。「問一個男人。」

「妳問呢個男人乜先？」我問佢嘅同時喺佢面前搧開啲牌。

「問我同佢有冇可能。」

「妳指嘅『可能』係指感情上嘅一齊？」

「係，結婚都得。」

睇嚟 Mimi 係一個目標爲本嘅女人，佢未必係不擇手段，但佢明白自己需要乜嘢，爲咗目標佢可以勇往直前。

「咁妳抽四隻，唔好打開逐隻遞畀我。」

「唔使，我就要最開頭嗰四隻，順住落。」佢連揀牌都好有自己風格，亦明白到「係你嘅就係你嘅，唔係嘅點做都冇用」嘅道理，諗太多揀太多對整件事毫無幫助。

Mimi：聖杯十
男人：倒 Devil - Lovers - 權杖 Ace
兩者之間：金幣二
Ending：倒 Tower - 寶劍二

「妳想要妳要嘅嘢，開頭佢畀到，但後來講唔掂數佢就唔畀㗎啦。」

「咁佢畀到幾多我丫？」

「對佢嚟講只係一個遊戲，妳唔逼佢，佢間中都會畀，但妳咁強勢甚至對佢嚟講係脅迫的話，佢一定唔肯畀。」

「大致明白……我想問多一個同鋪牌冇乜關係嘅問題。」

「都要睇妳問乜先答得妳㗎喎。」

「佢哋……」Mimi 指一指佢哋三個，然後繼續講：「係咪都係問一個男人？」

「其他人啲私隱唔答得㗎喎，不如妳自己問佢哋好過啦。」

「你咁答法，即係答咗我嘞，thanks。」Mimi 應該係四人中最醒目嘅一個，話頭醒尾。

Mimi 再向三人方向嗌：「得啦，而家可以問大圍嘢啦，過返嚟丫。」

三人聽到，即時跑返過嚟。

「哇，四娘教子！哈哈。」

「咁你以後就做我哋個仔啦哈哈哈！」Bibi 突然咁樣講，全場爆笑。

「咁四位娘親我要零用錢呀。」

「一陣開完牌咪畀你囉，正一仆街仔。」

「都未問晒啲問題就想要零用？」

「係囉，你答晒先啦！」

「你睇吓我哋呢排啲生意點先啦。」

「得得得，逐個嚟。」呢個就係我同四娘以母子互相稱呼嘅源頭。

之後佢哋啲問題都好一般冇乜特別，我一次過解答晒佢哋，但我隱約覺得佢哋四個人第一個問題嘅人，應該全部都係指同一人，因爲啲特徵實在似得太交關啦。

一星期後，Bibi 打過嚟問我：「喂，佢哋三個之後有冇約過你？」

「冇喎，做乜？」

「咁就好，今晚我休息，十點半鐘我過嚟，但唔好講畀佢哋知呀！」

「有時間嘅，得啦，當然唔會講。」

我已經隱約聞到陣燶味。

當晚 Bibi 遲咗成半個鐘先到。佢冇化妝，一身運動裝打扮，戴住 cap 帽，同佢之前嘅返工 look 完全唔一樣，我爭啲認佢唔出。

「Sorry sorry……我要湊掂個仔啲嘢先出到嚟。」

「妳咁快又搵我？搞乜呀妳？」

「喂，同我睇一樣嘢……」

「講丫，睇乜呢？」

「上次一開頭睇嘅男人記唔記得？」

「咁點呢？」

「我想睇吓佢係咪玩家？」

「喂，佢畀錢嚟開心消費，以妳呢個定義，佢一定係玩家嚟嗬，唔使問都知啦吓哇？」

「我唔係講呢種……我係指佢除咗上嚟花錢開心之外，仲有冇溝第二啲女？」

「得，同妳睇睇。」我洗好牌後搧開，叫 Bibi 抽三張嚟睇睇。

Devil、Lovers、**倒金幣皇帝**

「小姐，佢咁樣，好難唔係嗬。」

「即係……點？」

「佢覺得咁樣溝嚟溝去好開心㗎，對佢嚟講只係一種娛樂。」

我講完呢句，Bibi 臉色一沉。

但係，唔知點解，門外無端端多咗三個人影，正正就係 Cici、Kiki

同 Mimi 三人。四個人八隻眼互相對望，整個氣氛超級詭異，燶味比之前更濃烈。

「妳……哋……做乜咁早收工？」Bibi 呢個發問，好明顯係心虛。

「家陣都十一點幾啦，我哋三個今日都調到返頭班收早㗎，乜冇人話妳知咩？」

呢個 moment 我唔敢亂講嘢，恐怕會一觸即發。

「你話俾佢哋知我嚟㗎？」今次 Bibi 向我嘅發問明顯帶住忿怒。

我正想向佢解釋之際，Mimi 撳住我自己先搶答：「唔關十三哥事，係有人咁啱撞到妳行過附近，然後話我知啫！」

佢哋四人互相對望，尤係係 Bibi 同 Mimi 兩人之間，好似啲動漫咁，見到佢哋之間有啲火花爆閃出嚟，反而係我身爲呢個店舖嘅東主變成外人，不過我諗我需要喺而家主持返個大局。

「四位小姐，畀我講句嘢得唔得先？」

「梗得㗎喎，呢個場你睇㗎嘛。」

我深吸一口氣再講落去：「嗱，就咁，當晚妳哋四個人嚟，其實我已經知道乜事，但基於個人私隱我係唔講得出嚟，妳哋當中都應該知道當晚我就係咁做……」我邊講邊望住 Mimi，同時逐個指住嚟問：「去到而家，睇嚟應該係瀕臨爆煲嘅程度，妳哋想唔想而家攤牌講清楚先？」

「講囉，家陣都唔爭在啦。」唔睇樣，淨係聽把聲都知呢句係 Mimi 搶答。

「嚟丫，都見晒光啦。」Bibi 緊隨其後。

「唉……好啦。」Kiki 無奈咁死跟。

「……」感覺上 Cici 喺四人地位中最低，可能係年紀關係，所以呢啲情況佢冇乜話事權，只能跟大圍微微點頭，但好大機會未必係佢意願。

「咁我就當晒妳哋四個都同意喋啦！」

見到四位小姐都冇再表態，我繼續講落去：「當晚，老實講，我睇到妳哋四位要問嘅人，如無意外都指向同一位嘅男人，佢同時係妳哋四個嘅客，年齡約五十，成熟形，對住妳哋每個都話『妳最特別』同想變成情侶關係，甚至有講其他人壞話，係咪大家都一致承認呢幾點先？」

四位小姐同時唔出聲，各自帶住一副略有所思嘅「諗樣」，咁我大致上已經可以確認答案。

「好嘞，咁家陣都好白，呼之欲出嘞。大家想點解決呢件事先？」

Bibi 即時搶問：「我想問……佢會揀我哋邊個？」

其餘三人不約而同都發出「吓？」一聲，因爲眞係估唔到 Bibi 會咁爆。

「妳……認眞？」我即時洗牌，喺枱上一字排開再講：「咁刺激呀？每人潛一隻丫，唔好開喎。」

「屌，潛咪潛！」而家到 Mimi 最主動，第一個抽牌，其餘三位陸續抽出，係 Cici 同上次一樣，諗到樹葉都落埋先抽到，佢當然係最尾一個。

Bibi：Hermit
Cici：倒聖杯六
Kiki：倒 Wheel Of Fortune
Mimi：寶劍五

「妳地四個都死到直，係 Cici 叫冇咁差咁解㗎咋，不過都相差唔遠。」

Bibi 突然好大聲咁對住 Cici 質問：「妳究竟同佢搞過乜嚟呀？吓？」

「我……我冇呀！」Cici 只可無奈回應。

Bibi 聲音不斷提高，繼續質問 Cici：「冇？冇嘅話點解會咁？又唔見我哋幾個會有嘅？」

「喂我……我點知啲？」Cici 個樣十分委屈，非常無辜。

「咁可能只係貪佢夠後生嫩口啫……」難得係存在感唔大嘅 Kiki 呢一刻會幫口。

「屌妳講唔撚講呀仆街？」

Bibi 激動得一手拎起個電話，正想兜頭就車落 Cici 度之際，我揿住咗佢隻手；而 Mimi 用身擋住 Bibi，攬實 Cici 反兇 Bibi：「妳發姣發到黐撚咗線呀？連自己個妹都打？」雖然 Mimi 份人一向好現實，但都算得上夠雷氣。

我一下拍落張枱度，先震懾全場。「喂！妳哋都當我死㗎？喺我個場搞事？」我暴喝一聲，Bibi 先知驚停低手，然後啲眼淚就湧出嚟。

「喂，妳四個都係做呢行，『歡場無眞心』係定律嚟㗎啦，竟然仲四個一齊玩沉船？醒未呀？一陣妳哋轉頭見到佢喺中國城大富豪杜老誌門口左擁右抱行出嚟啦，咁有乜咁出奇呀？氹女對好多男人都係娛樂嚟㗎咋，得手就掉埋一二邊㗎啦，邊有咁多溫心老契得㗎？傻女嚟嘅！」

唔單止係 Bibi 喊，而家連其餘三個都開始標眼淚，mascara 都溶埋。

「搵食就唔好畀咁多感情，搵錢就係搵錢，掠晒佢啲水就下位啦係咪！我係男人都咁講啦。」

「Sorry 呀 Cici……我唔想咁㗎……嗚嗚嗚！」Bibi 放低手上嘅電話同 Cici 道歉。

之後 Mimi 喊住講：「我哋四姊妹，唔好再為呢個男人打生打死好冇？」

佢哋個個喊到講唔出嘢，都只好點頭和應，然後佢哋都伸出右手互疊，hands of friendship 都整埋出嚟。除咗我之外，全部人都喊到飛哩啡呢，好彩我卷廁紙係新嘅，否則隨時唔夠用。

幾個月後，我聽到嘅消息係，Cici 第一個離開夜總會，繼續自己嘅學業，改過個新名做個 model 仔，得閒拍吓戲做小角色嗰種，慶幸咁耐以來都冇人知佢嘅舞小姐歷史。

Kiki 浮浮沉沉咁繼續做，不過都做得唔耐，轉返做正行，無耐就同個男人一齊，不過又好快散，所以成日喺蘭桂坊見到佢買醉。

其後 Bibi 都係轉返做正行，但係佢本身有個小朋友，發展正緣係好困難，還好最後係俾佢搵到個年紀更大嘅男人，仲結埋婚，不過幾年後收到風佢地呢段婚姻只維持到兩年，佢老公就因急病去世，留咗一筆幾可觀嘅遺產畀佢，四人之中經濟環境係最優裕嗰個。

至於 Mimi，佢係最遲脫離呢行嘅一個，一出返嚟就開網店賣女裝，自己做埋 model 着上身影相，有時我都見到佢啲廣告，生活都幾唔錯，係忙碌咗啲。佢係同我最 friend 嘅一個，係四人中唯一一個會單獨約會嘅人。而嗰個男人，如我所料轉咗第二個場玩囉，俾 Bibi 喺其他場做開嘅朋友發現報告返俾佢知，呢啲男人又邊會咁長情得㗎，信佢可以令自己埋街邊食井水嘅認眞係傻豬豬。

十七 · 變成復仇者嘅追求者

續【廟街占卜師實錄 • 廿八 • 流浪道士青峰子】

「你嚟做乜？」喺舖前突然出現一個熟悉嘅身影，感覺到佢嘅恨意仍深。

「終於搵到你嘞。」

我即時起身。「咁家陣俾你搵到我嘞，想點丫？」

「想死。」

「咁你就好去啦，淨係企喺度唔會死得去㗎。」我揚手示意呢條友離開。我用得呢副態度對佢，當然有原因，絕對合情合理。

佢向前移動，踏入咗間舖一步。「咁你殺我丫。」

「黐撚線，我占卜師嚟㗎咋，唔係殺手呀……」

我將手上嘅塔羅牌，放喺旁邊枱面上打橫扇開，隨手抽一隻：

倒權杖騎士

屌，同最初見面嗰次一樣，又係同一隻牌，連方向都一樣，仍然係一件死性不改諉過於人嘅垃圾。

「……何況，你冇錢畀我㗎，你請我幫你嚟殺你自己都要磅水㗎，過主啦。」
「但係，你而家同殺咗我冇分別，我連人都做唔成。」

呢個指控十分嚴重，我即時指住佢講：「你唔好搞錯，而家你搞成呢副身勢，絕對係你自己一手一腳做成，唔好將個責任推落我度。」

「唔係你同佢咁講嘅話，我哋就唔會分手。」

聽到佢咁講我眞係擰擰頭。「事隔冇三年幾都有兩年尾，到咗今時今日你依然唔接受事實，仲死纏爛打……退一萬步，就算係我唔着，你唔肯放過我，但都好放過你自己丫，你覺得咁樣好咩？」

「咁即係你認自己有問題啦！」

「你讀中文科嗰陣考試係咪攞蛋㗎？哋理解能力差到咁撚樣？知唔知乜嘢叫『退一萬步』呀？」

「……總之，我冇咗佢，就唔會好，都係你害到我咁㗎。」

我對眼不由自主咁反成白眼。「你收皮啦，仲咁多性幻想！由始至終，你都冇擁有過『茄 win 𠹌』半秒鐘呢，全部嘢都只係你幻想出嚟㗎咋。」

「我地有愛過㗎。」

我已經冇佢咁好氣。「唉，你鍾意點就點，講乜就講乜啦，唔好阻住我個門口……」我一邊講，一邊行前，用個身逼返佢出舖頭門口。「……你想死就而家去啦，唔好再拖嘞，盞繼續痛苦落去㗎咋。」

「好，但我死之前我都唔會畀你好過。」佢抛低咗呢句就走咗去。

我只諗到嘅係，依佢之前嘅性格，今晚連撩我同佢打都冇，完全冇嘢做過的話，之後絕對唔會就咁算數。今次佢唔再同我打，可能只係之前兩次都打我唔過。

如果我冇推斷錯誤的話，第一次係明招，第二次係明暗合用，咁如果有第三次的話，應該就係用到暗招嘞，只會比之前更難防更難搞。其實諗落我都冇乜嘢做到，只有「小心啲」三個字廢話，但可以點樣小心啲，根本就冇任何方向。

隔咗幾日，開舖嗰陣聽到隔離時裝舖啲店主講「有蟲」，開頭都冇考究乜嘢事，以為只係天氣熱，多啲昆蟲走咗過嚟，或者有人食嘢留低啲食物殘渣所以先惹蟲，後來我喺舖頭期間，連地下都有啲怪蟲出現……佢地個樣有啲似甲甴，但好細隻又冇翼，啲腳又唔似，唔知係乜嚟，我用掃把就咁掃走佢地，然後就冇再理。

再隔幾日，啲蟲冇乜點少到，仲好似越嚟越多。我用四五個甲甴屋喺門口打橫排開然後閂門，第二日開舖睇，啲怪蟲已經黐滿每個甲甴屋嘅一半咁滯，而我未聽過離開呢條巷嘅舖頭會有呢個問題，咁我就開始諗係咪佢喺度搞鬼。

又再過多幾日，我對怪蟲嘅入侵已經習以為常咁滯，但冇理由容許呢啲唔應該出現嘅事繼續落去，所以同咗管理處講，佢哋都話會等滅蟲公司嘅人嚟做嘢，咁我就無謂逼得佢哋太緊。

不過，有一日返去開舖嘅時候，發覺啲怪蟲喺舖前地下嘅一個位置聚集，仲有啲臭味傳出。開頭照用掃把同垃圾鏟掃走，但係佢地好似同時咬緊一舊嘢……

我兩隻手各拎住一枝木筷子，撥開啲怪蟲後發現佢地原來係咬緊一舊生肉，再湊近睇清楚啲，冇睇錯的話，應該係人類耳殼上方一部分，因為我勉強睇到耳廓同軟骨嘅外形……

我又唔係法醫，我始終唔可以百分百肯定，所以可以做嘅嘢並唔多，只能見步行步，睇多一兩日再決定點做。

隔多三日，更驚嚇嘅「蟲餌」俾我發現……係一小節手指，根據個 size 應該係手指尾最後一節，仲有乾咗嘅血滴咗喺地面。

咁去到家陣，呢件事已經變得唔簡單，一涉及到人體殘骸，起碼都要知遺留落嚟呢 part 係屬於邊個，點知會唔會牽涉到其他人甚至謀殺事件。我只諗到嘅係，佢好有可能會親自過嚟「放餌」，於是我 cancel 呢個星期嘅 booking，然後喺商場門口搵個位埋伏。

等咗三日，又熱又焗，仲惹人誤會以為我唔知搞乜，差啲想放棄之際，佢終於出現。

嗰陣係大概夜晚十點幾，呢個時候商場嘅人係最少，亦好快就落閘閂門。農曆七月仍然係大熱天時，佢着住件深色風褸，仲要笠住頂帽，好難唔令人懷疑。

我唔跟住佢後面，避免佢沿路行返轉頭發現到我而事敗，所以我由另一條梯級跑上去，然後伏喺梯級度喺遠距離觀察，只伸出雙眼，望去我間舖嘅位置。

如我所料，佢行上嚟呢層。見到佢都幾蠱惑，先喺全層每個位行一圈，保證冇人喺度，佢先開始走去我舖位前面「做嘢」。

見到佢喺風褸袋中拎出一樽不明粉末撒向地面，然後再喺褲頭抽一把黃銅色嘅刀，口中唸唸有詞後，喺左手尾指自㓤一刀，鮮血直流，直接滴落地下，然後即時用白布條包好傷口；我同時隱約見到佢右手用繃帶包紮，如無意外，佢就係前一排喺呢度執到嗰隻指頭嘅主人。

「真係你條仆街！」我大喝一聲後迎步而上，但佢步速奇快，調頭就走，我只好從後跟上，但冇諗過佢喺樓梯度直接跳落去半層，跳兩次就已經落咗一層，自知彈跳力唔夠，只能半跑半跳咁死跟。

佢一衝出商場門口，就左轉往漆咸圍方向，再屈入一條後巷逃走。

我唔夠佢快，只能離開佢十幾公尺死追。因爲佢有刀喺身，所以行入後巷後只能步步爲營，同時留意附近可作武器嘅物件。

行到最深處，佢就正正企喺掘頭巷中間，不閃不避。唔知佢眞係有呢個膽色，定係佢自知已經走投無路。

「我已經冇乜時間剩，但點都要拉埋你一齊落去。」佢右手揸住頭先用嚟自鎅嘅黃銅色刀仔，刃位透出寒光。

「唉，何必要執着成咁呢？」

好彩嘅係，見到牆邊嘅水管掛住一把曲柄長遮，望落新淨，結構尚算穩固，仲要係金屬尖頭，絕對用得着，我當然就隨手抽起納爲己用。我以右手反握曲柄，左手持長遮中段，尖頭向後，同某啲日本劍術嘅反手握刀動作類似。

佢二話不說就踏一大部步踴身而上，同當年喺廟街廟前一樣咁衝動同魯莽，不過今次佢手上多咗一把刀。

我鬆開右手，左手向前伸直，直接用曲柄撞落佢右邊膊頭同身體連接位置，阻止佢向前衝。得手後我收返左手，右手用返頭先相同方式握住把遮，回復原本姿勢。

「勸你唔好再打嘞，收手吧啦。」

「我冇嘢可以再輸落去㗎嘞。」話口未完，黃銅刀由左上方斜刺落嚟，呢吓係佢第一次正式向我攻擊嘅一招。
一見佢手中寒光射出，我兩手一提，遮尖從下而上劃過佢右手腕，唔知係打中佢手掌定手指，總之就見到黃銅刀應聲彈飛，撞到臨時搭起嘅竹棚同雜物後唔知跌咗去邊。

佢一呆，我乘機反攻，遮柄遮尖左右連環狂打，無論係佢個頭定佢個身定係以雙臂護身，一槪照打，擋住都照打。

佢被逼褪後一步，我乘勢一腳前蹬撐落佢「祠堂」，佢就好似斷線風箏咁飛到堀頭巷埲牆度，成件軟晒坐低咗。

對眼到而家先適應到後巷昏暗嘅光線，佢件風褸嘅帽唔再喺佢頭上，已經跌咗落嚟，終於露出佢個樣，見到佢眞身。

當我見到佢塊面嘅時候，眞係俾佢嚇一嚇，佢臉色發黑，眞係似中咗某類毒咁；雙眼凶光比之前更淩厲之外，整個頭上紋咗好多串字，開頭以爲係泰文，但睇眞啲應該係柬埔寨高棉文，咁九成都應該係符咒；最恐怖係，佢雙耳明顯冇咗近乎一半，睇嚟之前喺舖頭前見到引怪蟲嚟嘅「餌肉」應該就係屬於佢本人。

「嚟丫，殺咗我丫，你唔殺我就我殺你。」

我向佢方向步近。「我知，你根本就想引我殺你去達到某種咒術嘅目的，但你眞係錯晒，我唔會好似你咁蠢……」

佢左手喺風褸袋又抽出一把比第一把更細嘅刀仔，但佢可能係受咗傷，動作實在太慢，我隻腳比佢隻手更快，毫不留情用鞋頭啄落佢手掌度，手指應聲碎裂。當然呢把刀都係發揮唔到應該有嘅功用，同第一把刀一樣跌咗落地。我執起呢把刀嚟睇，同佢塊面一樣都係有類似嘅符咒，甚至我懷疑係有餵毒，因爲刃位有不知名嘅發黑同變色。

「你眞係唔死都冇用，但我唔會殺你，因爲我根本同你無仇無怨。」我拎住呢把刀仔盡快離開咗後巷，免得麻煩。最後我將把刀解體，再分別掉去唔同嘅地方，費事俾人執返嚟用嚟作惡。

慶幸嘅係，引誘怪蟲嚟嘅「餌料」應該唔係由其他人身上而嚟，否則我眞係要報警，冇咁容易就咁算數；其後滅蟲公司派人嚟清走啲怪蟲，基本上已經滅絕，冇再出現。根據保安大哥嘅講法，佢話我間舖對出走廊上面嘅假天花唔知點解有一堆蟲聚集起竇，而家清走咗個源頭就應該根治到個問題；至於點解會喺度築巢，佢哋都無從稽考，反而係我知乜事。

呢條友我再冇見過，就算佢要再搞我都好難有機會，因爲幾個月後我冇再續租間舖，離開百利商場再次「流浪」，要搵我都要再搵到我出沒地點先得，更何況佢呢副咁難睇嘅面色，好可能冇幾耐就毒發身亡。

喺好多年之後，互聯網發達，巫術嘅資料容易搵咗好多。我睇過一啲關於東南亞巫術揭秘嘅資料，的確係有一啲類似引對方喺一個時限內殺死自己，而同時將某種邪惡力量轉移至對方身上，令對方生不如死，痛苦一世，形容呢個係絕對冇辦法破解嘅邪法；仲有以自己身體作餌養毒蟲嘅做法，有傳係雲南傣族嘅邪術，據講呢種蟲降係會害到對方家破人亡，非去到深仇大恨而自己冇晒其他辦法都唔會用得着嘅禁招。

如果條友所做嘅就係呢啲「天地同壽」式嘅邪法的話，佢對我嘅怨念究竟深到點嘅程度？

之後我就諗：有人可以只爲「報仇」而犧牲自己到呢個地步，佢嘅執念究竟強到邊個程度？如果佢呢份報仇嘅執念轉化做正事的話，隨時就係一個偉大到受世人尊崇嘅強者，可惜偏偏佢就走咗去一條萬劫不復嘅邪道。喺日本嚟講，懷住極度強烈忿恨嘅人，當佢死亡之後好大機會變成「怨靈」，隨處作惡，爲害人間，需要得道高僧或強大嘅咒術師先可以將佢鎮壓甚至祓除。

所以，我成日講大把人都想我死，呢句話唔係同你哋講笑。都係嗰句，在好多人嚟講，「吳十三」天生就係原罪，係非消滅不可嘅「罪人」。

又所以，唔少人成日以爲占卜師容易搵錢，「同客吹兩句就收錢，又冇乜成本，唔使點做，好好做」，但如果你遇着個咬住你咁多年唔放，用盡方法想你冚家鏟嘅豬線佬，仲要佢根本就唔係你嘅客的話，去到呢個情況，俾着你嘅話又如何解決關係到自己性命咁大壇嘢？會唔會仍然覺得呢行「好容易做」？

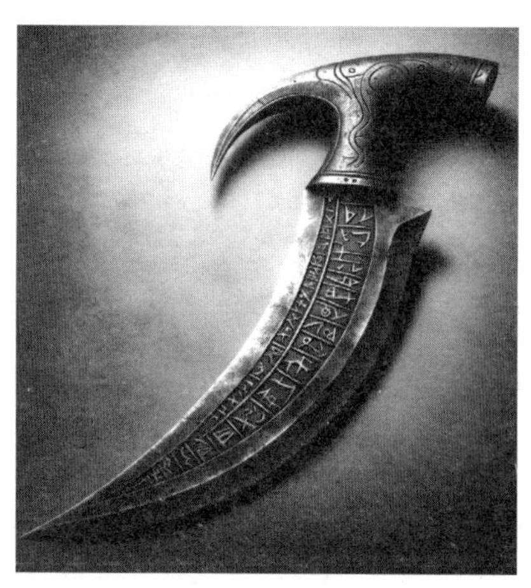

十八 · 盂蘭應節特短篇

七月十四，三更，客至。

「兩位何事？」

「吾……獨來。」

面面相覷。

十九 · 以爲自己媾緊女嘅 kam 撚

近呢幾個月，我先開始學識一個潮語嘅眞正意思，嗰個就係「kam」。開頭聽到好多人都有講呢個 term，但唔知點解。還好網絡發達，google 一下就大概理解到係乜嘢一回事。喺尋找呢個詞語解釋嘅同時，我腦海中突然浮起一位老主顧嘅故事。

「我想問吓個問題。」唔知點解呢個客成日好鍾意故作神秘，單純呢一句說話本身係冇問題嘅，但當時呢個語氣畀我感覺係佢好刻意好扮嘢。

老實講，佢搵我第一次占卜之後，我已經唔係咁想做佢，因爲呢位先生成個人表現出一副八婆相，我眞心頂佢唔緊，但係喺「money is king」嘅原則兼經濟壓力之下，啲客肯畀 錢嘅話都照樣接㗎啦，只係對住佢就盡量都直話直說長話短說就算，完事後就關我鬼事。

我洗住副牌問佢：「你嚟得舖頭搵我，就當然係問問題㗎啦，咁今次你問乜呢？」

「有條女呢……我媾咗都幾耐吓，咁點解咁都唔受呢？」佢接住講：「……即係之前媾落咁多個，都冇個唔得手嘅……」

呢頭講佢鍾意扮嘢，嗰頭佢就講啲咁嘅嘢出嚟，我自問自己嘅直覺準繩度的確係高。

「Oh really ？」我上半身不期然向後昂高幾寸，然後目光由下而上咁掃落佢身上。老實講，在下完全發覺唔到呢位人兄有乜過人之處，更加講唔上係高大威猛靚仔，整個相頭都係閒過閒人，毫無特色可言。

「你……唔信呀？」如果一件事本身係事實的話，其實係唔需要向其他人問呢句嘅……佛陀唔會周圍問人「我已經證悟得道，你信唔信呀？」咁㗎。

「即係咁……我只相信自己見到嘅事實，而家任何證據我都冇見過，只可以話聽住你咁講先嘅啫。」

其實我可以簡簡單單回佢兩隻字「唔係」就解答咗佢個問題。我承認自己抵唔住頸要駁返佢，因爲見到佢咁嘅款，眞係過唔到自己心中個關口要講呢啲咁大嘅大話，連自己都要呃埋。

佢聽到我咁講之後，眼神流露出一絲不悅同失望。

我唯有推佢繼續講落去，佢自由發揮：「不如你講吓你點追佢丫，我先知當中究竟出咗乜嘢問題。」

我叫佢抽三張牌出嚟我睇睇，一望，嘿嘿。

「冇呀，咪一般約見面呀約食飯呀嗰啲囉。」

「對方同你乜嘢關係先？你點識返嚟？」

「Forum 度識嘅。」當年仲未有 Facebook，網上討論區熱潮非常興盛，最多人會入去玩嘅題目，「交友」必定係頭三位內。

「哦，呢亭。咁之後呢？」

「同佢私下 chat 咗一排，咁我同佢都幾好傾嘅……」

「點爲之『好傾』先？點好傾法？」

「都同佢吹得幾咀㗎！」

「點樣吹得法？」

「咁起碼每日都搶先叫佢，佢睇到我嘅誠意先係咪？」

我一路忍笑，一路開嗰三張牌加多張補牌：

倒權杖侍從、倒聖杯侍從、Justice + 倒金幣九

成 set 牌顯示佢係一個自我中心廢話一堆兼好高鶩遠幼稚到爆嘅人。我眞係忍得好辛苦，咀角不期然上揚。

「咁對方點反應先？」

「有時有覆有時冇覆咁囉，可能佢忙啦。佢嗰晚都冇覆的話，我就 send 多句就算。」

我捽住眉心問佢：「如果對方冇覆的話，當日你會 send 幾多句對方？有冇數過？」

「睇當時諗到想同佢講乜啦，有時六七句，有時十零句啦。」

我開始要捽埋對眼，因爲我一頭痛起嚟對眼就會好攰。一邊喺旁邊個櫃桶攞盒 Panadol 出嚟，一邊繼續問落去：「你眞係覺得咁樣係可以媾到女喋？」

「咁又唔一定得，但咁樣當然係要啲心機、主動同誠意喋啦！」

「我想講呢……你講咗咁耐，到家陣都係未見過佢喋可？」

「佢話呢排好忙，咁就遲啲先再約佢。」

我再叫佢抽三隻出嚟，睇個女仔點諗呢段關係：

倒 Wheel Of Fortune + 倒聖杯九、寶劍六、倒聖杯 Ace

開啲咁爛嘅牌，收得皮啦喎，個女仔根本完全冇考慮過佢，連半點心動都冇，甚至將呢條友列為要疏遠嘅人。

「咁佢冇講幾時再約呀？」

「冇呀。」

我越嚟越頭痛，猛敲自己個頭。「即係咁，你有冇諗過一個可能係人哋要避你呢？」

「吓？點解要避我呀？」

「依牌嘅解釋係……佢覺得你好扮嘢喎，你同佢傾過啲乜嘢話題……」

我都未講完，佢就搶住答：「睇嚟佢應該對我有啲誤會……」

「咁呢個係有可能嘅，但你講唔講得我知，嗰陣你同佢傾開邊類話題居多呢？」

「冇呀，因為我同佢都住同區嘅，所以都講嗰一區嘅嘢，例如係巴士路線呀鐵路之類咁囉。」

近呢幾年，多咗兩個 term 去形容呢種人：「巴膠」同「鐵膠」，完全可以套落呢條友身上。

我對眼開始反緊。「明白，完全明白……你覺得對方誤會你啲乜嘢呢？」

「唔……知，總之我覺得佢誤會咗我。」

「你連自己都唔知佢誤會你乜，會唔會係你根本誤會咗佢有誤會你呢？」講完呢句，我就一嘢啪三粒 Panadol 落去。我好少一次過啪咁多嘅，今次明顯係 special case。

佢冇聲出。佢終於冇聲出到，我賺咗幾秒喘息嘅空間。

我飲啖水再同佢講：「即係呢，先搞掂自己啲對話 skills 得唔得？第二，連對方真人都未見過，連約出嚟都未試過，咁呢啲明顯唔係媾女……」

講到呢度，我腦中靈光一閃，突然諗到個重要問題係必需要問佢：「咪住，咁你之前所講嘅『媾落咁多個又得手』嘅，係咪都未見過？」

「係，我哋都係網戀。」佢答嗰刻挺起胸膛，都不知幾咁理直氣壯自信滿滿。

我已經冇佢咁好氣，繼續返前段嘅解說：「……如果你覺得咁樣冇問題的話，就由得咁照做落去啦吓。你冇嘢㗎啦。」

「我……仲有個問題想問問你……」

「係咩呀？」

「我覺得我自己都要進修一下……」

「啱丫，人際關係兩性溝通技巧啲課程都幾啱你而家呢個 case……」幾難得有人聽完我講轉頭就開竅，好事丫，老懷安慰。

「我唔係講呢啲呀。」

我疑惑中。「咁你講邊樣呀？」

「我想問呢……你收唔收學生教塔羅牌㗎？即係呢我想學多樣嘢用嚟吸引異性……」睇嚟我開心得太早嘞。

我對眼應該反咗足足一圈。我再睇睇 Panadol 個盒，原來啲藥已經畀我食 Q 晒，得返啲膠殼喺盒裏面，金翅仆街鳥。

我諗，「kam」同「毒」應該係一對孖生兄弟，兩個一齊出嚟，唔會互相排斥之餘，仲可能會威力雙長。

其實我應該加錢，用嚟補返 Panadol 條數，咁食法真係要倒貼，仲可能食到肝衰竭。

二十 · 大咗肚嘅 TB

「你係十三哥？」

我啱啱攞緊副牌出嚟，正正就開始洗。「妳 book 咗我呢個時間㗎？坐丫。」

「係，麻煩晒，打攪晒。」

今次嘅客人係一個 TB，叫得做靚「仔」，但喺我角度嚟講係有啲可惜，因爲如果佢係直嘅話，應該係一個非常唔錯嘅靚女。

「有朋友介紹㗎？有乜問題要問呢？」我自己先抽三張，收喺掌心度。

「唉……」佢擰晒頭。「……老實咁講，我一向都唔睇呢啲嘢嘅，但今次真係好撚大劑，我都唔知點處理好。」

「咁嚴重？」

「我……有咗。」佢講呢句嗰陣特別細聲，個樣特別尷尬。

「妳……係鍾意女仔㗎嘛？」

我自己再 cut 咗一下牌瞄咗一嘢，係「**權杖皇后**」，牌裏面嘅形象係一個好有威儀嘅女人，同皇帝一樣持有突顯出代表住男性權威嘅權杖，連衣着都似男人。如果將佢個頭換成男人頭的話，其實睇唔出有乜衝突。呢隻牌有個花名叫「TB 牌」，原因就係咁而得嚟。

「就係囉，唉。你話點算好？」佢雙手一攤，擺出一副無奈嘅樣。

「講唔講得……邊個經手㗎？」我指一指佢個肚。

「屌，兄弟嚟……」佢仍然擰住頭講：「……嗰晚佢生日，反而係我飲撚大咗，跟住佢話送我返屋企，點知係佢送咗我返佢屋企……」

我呆撚咗，心諗：「咁都得？」

佢接住講：「……然後……唉唔撚知……我咁大個人，都未試過飲到咁撚大。」

佢不斷狂敲自己個頭嘅期間，我再問佢：「咁……第二朝咪好撚老尷？」

「屌！仲撚好講，真係嚇撚死呀！我醒嗰陣佢都仲未醒，佢一醒擰轉身嗰陣見到我，都係嚇到成個跳起，佢自己都飲得好大，仲要大家……冇着衫……」

「咁點面對呀？老尷到核爆嗰家陣！」

「我梗係即刻喝住佢唔好擰個頭過嚟，然後着衫即時閃人啦，三日後先敢接佢電話。」

「咁佢點意思？佢同妳點講？」

「一接佢電話嗰吓就狂屌柒佢啦，佢咪死撚晒狗『耍冧』囉，佢話自己都唔知點解嗰晚會搞成咁，好似俾人落藥咁款。之後我就同佢講話我驗咗先啦，冇事的話就當粉筆字咁抹咗去囉，唔係點呀？」

「咁但係……家陣的確係出晒事喎。」

「屌，我一向都係冇 M 到㗎嘛，點解咁都可以中招……」

「咁樣樣……」到我有啲唔知點開牌好。「……家吓妳個 case 眞係好厲揭喎，妳畀啲時間我同妳度度先。」

「唉，我都知難搞㗎嘞，你應該都未遇過呢啲濕滯 case 啩？」

我擰頭。「眞係未，今次第一次見識。」

「唉，含得撚嘞今鋪。」

「唔好擔心，慢慢嚟先。」我輕敲枱面。

我諗咗一陣，其實首要確實嘅係當事人嘅取向同心態如何，所以我抽返掌心嗰三隻出嚟睇睇，再加一隻補牌，都冇諗用乜嘢牌陣：

金幣皇后、Hanged Man + 權杖皇帝、Emperor + 聖杯六

呢鋪牌眞係唔易解呀。「**金幣皇后**」可以解作「懷孕」；「Hanged Man + **權杖皇帝**」有「剛陽傾向意志堅定嘅同志」嘅意味；而「Emperor + **聖杯六**」就頭痛嘞，係講佢眞心想照顧細孥，定係單純想負返起個責任？

「喂。」

「吓，點呀？」佢捽捽對眼，喺呆滯嘅神情中醒返。

「好矛盾喎，妳又直唔到，但而家又想留住個肚。」

「丫，啱呀啱呀……你講中我個矛盾位呀……」佢再講落去：「好耐之前，其實我都有諗過領養，但你都知我地呢個身分，喺香港基本上可以唔使諗，點知而家就有一個眞係自己血緣嘅……」

咁唔怪得頭先鋪牌會出「**聖杯六**」同「**金幣皇后**」啦。

「呢鋪牌都確實咗妳呢個想法，咁……有冇諗過眞係實行落去，同時做佢阿媽同阿爸嘅角色？」

「有，但係我自己冇信心啫。」

「得啦，牌中見到妳意志都算得上堅定，咁妳咪做落去囉，只係辛苦啲啫，要一個人頂晒，男人妳又一定唔會要嘅。」我指住「Emperor」呢張牌，大概有「獨力爲艱」、「資源不足」、「堅守」嘅意思。

「係呀，我唔得喋，要直的話早就直返啦。」

「家吓妳決定到就得啦。咁第二個問題就簡單啲，妳點面對呢個『兄弟』先？」

「唉，都唔係簡單呀，家陣好難面對呀大佬……」

咁我就再開三張牌，睇睇男方對呢件事嘅反應係點：

Star + 金幣 Ace、權杖六、Hermit + 倒 Temperance + 金幣二

「佢又唔係唔負責任嘅，只不過係喺金錢嘅層面，但同妳嘅感情又會係分得好開，甚至會逃避，唔再想同妳有聯絡……」

「會唔會係……佢畀一嚿錢我，然後從此就消失咗？」

「呢個可能係其一啦，不過……又未必咁絕對嘅。」

「都好，眞係唔見好過見。」

九個月後，佢眞係生咗落嚟，而呢個「兄弟」負責佢所有嘅醫療費用，之後每個月仲有份錢畀佢，過落佢銀行 account 度，當係對親生骨肉嘅補償。

身爲男人，喺呢個世代嚟講，肯做到呢步算得上係有擔戴。

之後有一次喺街撞到佢同佢個仔。睇個小朋友個高度，大概三四歲；反而見到佢嗰陣，個感覺同幾年前搵我嗰期好唔同，但硬係講唔出有乜問題。

佢拍咗個仔一下。「喂衰仔包，唔好掛住玩，嗌十三叔叔先。」

「十三……叔叔！」呢個小朋友側側地頭，用疑惑嘅眼光望住我。佢應該冇諗過呢個叔叔早就同佢見過面。

「妳個仔又幾醒喎。」

「托賴啦，唔激死我算好彩，平時曳到飛天㗎佢。」

「喂……」我刻意較細把聲，唔想俾個細孥聽到。「同佢……搞成點呀？」

佢指一指個仔。「你講……佢親生老竇？」

「唔係仲有邊個喎？」

「屌……」今次佢指住我後面。「……喺你後面囉。」

當年佢所問嗰個男人就喺我後面出現。

「喂，撞到 friend 呀？」

「係呀！識咗好多年㗎啦，十三哥，呢個係我老……公阿榮呀！」

我忍住笑對佢講：「原來就係……老公！」

佢塊面即時紅過利是封，然後雙眼瞪住我講：「係呀！走啦走啦，趕住呀，下次傾啦！」

我見到佢一家三口嘅背影，佢就拖住個仔隻手行，而阿榮係拖住佢隻手行嘅。

呢次嘅答案，幾令我出乎意料之外，雖然占卜結果同事實有段距離，但都算係一個 good ending，希望佢地一家平安快樂。

廿一 · 爲復合而做雙修法事嘅私鐘妹

「連副牌都未開過，你咁快就講定係呃人？」呢位小姐非常勞氣咁喝問我。商場已經到咗落閘時間，其他舖頭已經冇晒人，佢嘅聲音顯得特別響亮。

當然唔會咁易就畀佢嚇窒，我答佢嗰陣絕對係理直氣壯。「因爲眞係假㗎囉，妳一咁講，牌都已經唔使開啦。」

「咁樣卽係你擺明對泰國法科有偏見啫？」

「倒不如咁講，年幾兩年前我仲喺老廟碌緊嗰期，已經見呢啲行騙case n 咁多次，咁耐以來冇一單係堅嘅，呃妳一萬幾千係基本例行公事……」

我用眼尾掃過佢全身，佢樣貌唔算得上係天姿國色，但絕對可以令人垂涎佢嘅美色，尤其係呢位小姐嘅出衆身材，叫得上有前有後有上有下，出到街外應該會有幾多途人會擰返轉頭望兼撞柱嗰種。

我不期然加多一句：「……呃埋蝦條亦都唔係少見嗰，妳因住啦。」

我講完呢句嗰陣，見到佢面上嘅表情有一個好細微嘅變化，然後好快就回復原狀。咁應該係我諗緊嗰樣嘢嘞。

「妳……啲蝦條……」

「佢話呢啲係雙修法事，唔係呃人……」

「唉……」不禁嘆氣，又一個受害者。我皺住眉咁問佢：「……妳知唔知『雙修』嘅眞正意思係點？」

佢諗咗幾秒，但雙眼向上翻，明顯個腦只係一味空轉。「唔知，佢幫到我搶返男朋友返嚟身邊就夠，理得佢係乜。」

「『雙修』係印度教性力派傳出嚟嘅一個秘密修行方法，後來藏密亦用到類似原理嘅法門，而『雙修』本身並唔係用嚟改運甚至加強人緣桃花用嘅；第二，呢個法門係男女兩人都需要有一定程度嘅修持功夫先可以進行，有啲派別甚至要求兩夫婦有共同嘅上師先可以用上呢個修行方法。而妳呢？乜嘢宗教都冇修過，又未結婚，男朋友又唔喺度，咁妳『雙』乜嘢『修』乜嘢呀？第三，嗰位所謂師傅又唔係印度教又唔係修藏密嘅，只係一個來歷不明嘅泰國法科所謂嘅『阿贊』，咁佢憑乜去搞『雙修』，仲要當成法事咁做呢？」

小姐塊面變到又紅又黑，就嚟爆血管咁嘅樣，但一句都反駁唔到我。

「我隨口噏都搵到三個疑點出嚟，咁妳都仲信落去呀？」

「……」

「嗱，唔緊要，我唔知妳做咗未丫，如果妳決定做的話，咁之後就會知搞呢啲所謂嘅雙修法事有冇效囉。」

「我夠錢嘅話，一早就做咗啦！」佢講完呢句拎起手袋，擺低相金就行咗出去。

「阿妹，眞係唔好呀，唔值得㗎。」

佢當然冇再理我，轉頭就一枝箭咁走咗去。

後來冇幾多日，我喺佢個姊妹口中得知，佢開始出嚟跑私鐘。我喺某個地下渠道中見到佢遮住面嘅自拍，部分相片可以見到佢右上臂嘅紋身，位置尺寸同圖案係同佢本人一模一樣，咁識佢嘅人好難會認唔出。

一個月後，佢再嚟搵我開牌。

「我想睇睇，我同佢個關係有冇改善到。」

「小姐妳呢期好紅喎。」

「吓？咩呀？」

「『唧唧冰』呢個朵咁響點會唔知呀？」呢個係佢出嚟跑私鐘個花朵。

佢塊面即時紅晒。「咁……跑數係咁㗎啦。」

「咁家吓跑夠條數未丫？」

「夠啦，畀咗啦，做埋啦，幾日前做咗㗎啦。」

「咁妳仲搵我做乜？」

「我心急，又順路行過呢邊做嘢，想知啫。」

我忍唔住斜睥佢一眼。見到佢愚痴成咁，我無奈到擰晒頭。我叫佢抽三隻牌出嚟，睇睇佢男朋友而家點諗佢：

寶劍六、聖杯八、倒聖杯 Ace

「冇喎，佢一樣照舊怕咗妳，要避妳喎。」頭兩隻牌裏面嘅圖案，同樣都係顯示「離開此地」呢個意思；最後一隻可以解作「終斷關係」，呢三隻牌都講得好白㗎嘞。

「冇理由嘅。」

「點解冇理由？」

「之前我為咗佢做咗咁多嘢都冇效？」

「嗱妳係做咗好多嘢一件事，但唔代表妳所做嘅嘢係向啱嘅方向發展。」

「冇理由嘅。」

我副牌嘅答案，明顯就好有理由，只係佢唔願意承認，所以「有理由」就變成佢口中嘅「冇理由」。

「妳唔信的話咪再等多一輪囉，妳總會知。」

佢又粒聲唔出就走咗去。

再隔一個月，佢個姊妹打嚟。

「喂，十三哥，仆街嘞今次。」

「大把人都叫我做仆街㗎啦，我知……做乜事？」

「唔好玩呀，今劑好大鑊呀……尋晚佢自殺死咗呀。」

「吓？乜事會咁？」

「之前咪同你講過佢出嚟做私鐘嘅，咁啱畀佢想復合嗰條仔知道咗呀，咁人地就更加唔肯再同返佢一齊啦。尋晚佢地兩個喺屋企炒完大鑊之後，條仔走咗，冇耐佢就爬上屋企天台度跳咗落嚟，散到執唔返呀，今日新聞都出埋啦。」

開始寫呢篇文嘅時候係九月十日，正正係世界防止自殺日。

在下雖然已皈依佛門多年，但有一個從小直到而家，而同佛教思想背道而馳嘅想法，就係我唔會抗拒同阻止人自殺。但係，唔代表我支持呢位小姐今次嘅做法，因爲根本完全冇必要。

呢個世界大把出路，唔需要爲咗一棵樹放棄整個森林。之前我已經勸過佢，小姐仍然拖延自己嗰份「求不得」嘅痛苦的話，咁我只能由得佢落去，唔係可以點？

嗰位男朋友人都走咗，心又走埋，妳仲可以點丫？而家妳成個人都走埋，咁又點丫？神棍害人絕對要全家死絕兼落阿鼻地獄，但唔係妳畀自己愚昧落去的話，佢地又點可能會得逞？

廿二 · 同老細表錯白嘅小職員

「唉，今次仆街嘞……」個客一坐咗入舖，就對住我咁講，睇嚟佢好大壓力。

「請問點仆街法呢？呢位先生。」

「我……表錯白……」

聽完呢句，我右邊眉毛不期然蹙起，個頭出晒問號。「唔……明，乜嘢叫『表錯白』？乜表白都有分啱同錯嘅咩？」

「唔係呀……」佢一邊猛敲自己個頭一邊講：「……所以……眞係唔好飲酒……」

「我一向都飲得極少。」

佢捽住對眼繼續講落去：「唉，唔飲好過飲講眞……噚晚我同 friend 凌晨出去蘭桂坊玩，飲酒就梗係唔少得啦，一時高興飲大咗，然後發酒癲唔知做乜 send 咗個 SMS 同個暗戀咗好耐嘅女性朋友表白，send 咗句『I miss you』畀佢……」

「咁……都好正常啫，錯在邊度呢？我都收過個女仔客嘅表白 message 啦，有乜好出奇？」

「最頭痛係，我 send 錯咗畀第二個……」

「邊個呀？」

「我老細。」

「男定女先？」

「男。」

我倒抽咗一口涼氣，因爲聽落去覺得好刺激。我再追問落去：「咁……都未必咁緊要嘅，佢點反應先？有冇覆？」

「有，佢仲覆得好快添。」

「點覆先？佢覆咗乜嘢？」

佢喺自己部電話度，撳返佢老細 send 畀佢嘅 message，然後再遞畀我：「你自己攞嚟睇。」

我接過佢部電話，睇到佢老細覆嗰句係：「Me too，我等咗你講呢句好耐啦。」

我遞返部電話畀佢嘅同時，忍唔住笑咗出嚟。「乜……咁很大劑呀先生？」

「所以家陣咪仆晒街囉。」

「咁你唔知佢 gay 嘅咩？」

「完全唔知，外表行爲完全唔似，成間公司冇人知道佢嘅家庭狀況戀愛狀況，連秘書都唔知，佢一隻字都冇透露過，收得好密。」

「咁樣樣……你想我而家點幫你先？」

「唉，其實我自己都唔太知……想變返之前咁就算啦，有冇可能做到丫？」

我叫佢隨手抽三張牌，睇吓佢老細諗緊乜：

權杖六、聖杯二、金幣九

哈，老細好高興咁喎，還好係唔算好有攻擊性，暫時未見到有強迫人嘅可能。

「想問吓……老細 send 咗呢句之後，對你嘅反應或者處事有冇同以前唔同咗？」

「當然有啦，咁先頭痛呀。」

「佢搞過乜嚟？」

「第日見面，明顯個面口完全唔一樣……咪彈晒啲大客同易做嘅客過嚟畀我跟囉。」

「咁你有冇同佢解釋咩？」

「過多一兩個星期，我有講呀，佢好似扮聽唔到咁。」

「你點講先？」

「咪話『其實我當晚係 send 錯 SMS 畀你』囉……」

「咁佢個反應係點？」

「佢即刻講第二啲嘢避開呀。」

「咁……但係……佢啲 offer 你都冇推佢，你照要喎。」

「我……真係唔知點開口呀。」

「正正經經同佢三口六面講清楚佢啦！」我指住啲牌繼續講落去：「嗱，啲牌就講你老細好興奮，不過還好未算上晒頭嘅，你好快啲同佢正式道歉同解釋呀，遲啲我唔敢包佢會點喋。」

「真係……講到？」

「還好佢唔係一個咁感性嘅人，都仲算係聽講嘅，係之後開工做嘢老尷啲啫。」

「頂，佢安排咗下個禮拜同我出 trip 成個星期……」

「咁你仲拖？拿拿臨去講啦，一陣到佢同你表白你仲冇得走呀！」

「得得得……我聽日就同佢講。」

「你係先好呀，越遲講越死得多呀我話你聽呀。」

隔咗一排，呢個客同我講返，第二朝佢就同老細解釋，老細都原諒咗佢，仲叫佢 keep 返之前畀落嘅客繼續做，個 trip 都有照去不過乜事都冇發生過。之後佢成日凝住個老細吼住佢，佢淆底兼頂唔順所以辭職，但係老細又留佢叫佢繼續做，仲加佢 offer 喎，還好係老細無耐都拍咗拖，咁就變得冇咁尷尬，而當事人就繼續做落去，可以話係冇事發生，仲間接賺咗。

老實講，呢個老細可以咁樣好來好去，算係非常唔話得喋啦，畀着大把人會即場發晒爛咋，隨時公報私仇都似。

廿三 · 只講眞心嘅毒撚

「等咗個幾兩個鐘，企到腳到跛咁滯，終於輪到我嘞。」佢帶住抱怨入嚟舖頭坐低。

「兩粒鐘咪算快囉！你有同我 book 的話有辦法㗎喎，之前兩枱客夾埋成四個人要睇，隨時等三粒鐘都有之呀！」我一邊洗牌一邊繼續講：「如果佢地又多一個 friend 要睇你仲等得耐呀，下次打嚟 book 定個時間丫嘛。」

「我諗住行過撞吓啫，以爲好快就到我……」

「一時時啦，平時冇咁多人嘅，今日唔知做乜突然湧晒一堆人入嚟。邊位介紹嚟㗎？」

「係……阿……素介紹嚟，佢係我中學同學。」

佢一咁講我就笑出聲。我對佢講：「哦……我都有見佢一排嘞，應該忙緊啦。咁今次有乜幫到你呢？」

「阿素話你溝女好叻，佢叫我問你。」

我驚訝。「吓？乜條友仔咁樣講我呀？我唔識溝女㗎喎。」

「都唔係丫，頭先見到全部客都係女，得我一個係男，個個都好鍾意你咁，咁你一定有啲計先會咁多女搵你㗎喎。」

「客人嚟搵我，係要我同佢哋解決感情問題，而唔係同我製造感情問題……」我繼續講：「不如就直接講你有乜問題仲實際啦。」

佢擰擰頭。「即係……我唔係好明……點解啲女淨係鍾意埋啲蠱惑仔呀仆街呀騙棍呀呢類冚家鏟，反而我付出眞心佢哋又唔要，做乜鳩呢？究竟佢哋個腦諗乜？」

我笑住講：「你咁講，即係我係蠱惑仔呀仆街呀騙棍呀咁呀？」

佢個樣勁淆底。「唔係唔係，唔係呢個意思……即係……好大部分都係呢啲人㗎嘛……」

順手將棟牌 cut 一嘢再望望，係「**聖杯七**」，表示條友幻想太多，不設實際，又唔願睇淸眞實自己嘅一面。我不期然偸笑咗一下。

「咁即係話你知，根本女人鍾唔鍾意你，同你係咪眞心冇關係㗎囉。」

「呃……」佢 hang 咗機幾秒鐘，口震震想講落去但始終開唔到口，睇嚟我呢句對佢都幾震撼。

我再補多腳落去，要佢半死不活。「你眞心呢，就只係你自己嘅事，同條女冇關㗎。」

「呃……點會冇關呀？」

「點會有關呢？如果係有關的話，你點解釋你所講嘅第一個現象丫？」

佢仍然一臉懵懂，頭頂出晒問號。「……即……係咩呀？」

「咪就係『啲女淨係鍾意埋啲蠱惑仔呀仆街呀騙棍呀呢類冚家鏟，反而付出眞心佢哋又唔要』呢個現象囉。你瞓醒未呀？」

「咁……即係要我做冚家鏟去呃女呀？」

「喂，你眞係夠薑有膽又做得來嘅話，就唔使過嚟搵我啦係咪？你就係冇薑冇膽又做唔到丫嘛！」

「咁即係點呀？」

「即係叫你唔好諗壞腦，以爲淨係眞心就得囉。眞心係冇錯嘅，但唔係一切，仲有大把因素。」

「咁仲有乜呀？」

我敲敲枱面，伸出三隻手指向住佢講：「咁你認爲，自己除咗眞心之外，仲有乜嘢係可以吸引到異性嘅呢？任你講三個 point 出嚟畀我聽聽。」

「……」佢眼珠向上望，維持咗一分鐘，個腦同揸車踩空波一樣喺度空轉，任何嘢都 load 唔到出嚟。

「吓？三個都講唔出呀？咁一個呢？一個講唔講得出？」

「……」

「咁唔好講咁遠住丫，你認爲自己有乜優點？總講到一啲啲啩？」

「高……大囉。」

「吓？」我企咗起身。「我只得 175，都唔覺得自己高大，睇落你點都矮過我喎。」

「我……169……」

「咪係囉，170 都只得五呎七唔夠，何況 169 ？咁點算高大？」

「……」

「知唔知家陣所謂嘅『高大』嘅標準係幾多？」

「……」佢搖搖頭。

「係五呎十吋。我都爭一吋有多，你仲有排啦，攝住罐三花淡奶落腳踭去度高都唔夠喎。」

「……」而家佢完全冇聲出，睇嚟我頂得佢好應棍。

我坐返低。「噏，眞係唔係寸你，唔單只喺兩性關係方面，你對自己嘅認知都嚴重缺乏喎，咁唔好講溝女丫，你連一般生活都會出問題㗎喎……有冇朋友同你講過相關嘅問題呀？」

「都……有嘅。」就算佢有回答，都係有氣冇力嗰種。

「想問你本身做乜嘢工作？」

「保安。」

「邊類型嘅保安？」

「炒散，頂更嗰種，多數都頂通宵。」

「Ok唔緊要，起碼都係正行。返通宵就爽啦，大把時間可以做自己嘢。咁你有乜特別技能？」

「冇。」

「完全冇？一個都冇？」

「冇。」佢耷低頭。

「好。不如調轉咁講，如果優點同技能你自己一樣都講唔出的話，你憑乜認為有女仔會鍾意你？」

「我有真心。」佢講呢句嘅時候特別大聲特別真誠。

聽到佢咁講我真係有少少火。「你又重覆。即係冇囉。」

對眼好攰，一邊捽一邊問佢：「其實你係咪真係想我幫你㗎？」

「我只係想你教我點溝女啫。」

頭痛開始嚟。「你叫我教你點溝女，同要我教你打贏拳王冇乜分別㗎咋。你只係一個乜嘢武術都唔識嘅素人，你瘦弱，你細膽，你冇技術，通通都唔緊要，你有冇為咗呢個目標去改善自己？學武術？打搏擊？操體能？請教營養師？你冇喎，你只係執住『我真係有呢個心』，咁點樣打得贏拳王？唔好話拳王，你咁樣連我都打唔贏啦，係咪呀？唔係得個真心就有用㗎。」

「咁點先可以改善呢？」

「先做一個好人。真心唔係一定有用，但唔可以欠缺。」

「咁我唔夠好人咩？我做咁多次好人，都俾女玩，當我係兵咁使，呃飲呃食之後就行咗去，有事先嚟搵我，好嘢唔輪到我。」

「你呢啲唔係叫好人，係叫笨柒加個箍呀。做好人都有好多嘢要做㗎，而對對方唔好有過份幻想，都係好人嘅標準之一。如果你真係好人嘅話，根本就唔應該怨自己做咗兵，最多係吞咗佢，唔好再俾自己重覆犯同一錯誤就算，亦唔使周圍同人講自己好慘俾人拒絕，我聽到就只覺得你男人老狗喺度呻笨，冇人會同情你可憐你，你只會繼續俾人恥笑㗎咋。」

「你講完咁多同冇講過一撚樣。」佢雙手一攤，掌心向天，示意我撚化佢。

「點會呢？咁頭先排你前面嗰堆妹豬係乜嚟？阿素點解會介紹你嚟搵我？呢啲唔係原因嚟㗎？我唔係咁做，點會收到呢啲良好評價呢？」

「你都唔知係咪呃呃氹氹嘅啫！」

我上半身後傾，側頭對佢講：「吓？阿素有冇同你講過我嘅事？」

「冇喎，佢只係叫我搵你，佢都唔知係咪俾你呃埋嘅啫！」

我右手伸出食指，左右擺動。「哇……你咁樣睇我呀？咁再講落去都冇意思，唔好勉強嘞，請回！」

我左手伸前，指去門口方向，佢起身轉頭就走。佢行咗一大段路，然後回頭向我呢邊大叫一聲「死神棍！」

我冇理佢。因爲佢已經係最後一枱客，所以冇人喺後面跟，佢自己發癲自己丟架係佢個人嘅事。

我打電話畀Z經理：「阿素小姐，請到櫃底聽電話。」

「頂你，你又玩嘢呀哇？」

「妳玩我就眞呀！冇好帶挈呀妳！」

「做咩呀？」

「有條友話妳介紹嚟……」

「吓？佢眞係走咗嚟搵你呀？」

「仲好講，條友又野蠻又自以爲是又唔聽人講，仲話我係神棍，咩嘢人嚟㗎？」

「佢想溝我，但佢實在太柒，連基本溝通都做唔到，仲要唔知自己錯乜衰乜，於是叫佢嚟搵你，乘機利用你教訓一下佢囉。」

「乜妳咁靠害呀，要我幫佢老母教仔！」

「眞心想幫佢㗎，你點得醒佢就有救，溝唔到我都唔好一世係咁先丫。」

我一邊敲個頭一邊同Z講：「但佢戇塞成咁，邊有得救呀？呢啲人就咪再介紹嚟喇，做完都傷神，我個頭又痛啦。」

「你賺到佢錢就得啦。」

「唉，仆街……」我猛然驚醒。「……條友冇磅水就走咗去。」

「乜咁仆街㗎佢？聽日我同你追返，今次sorry啦。」

「講笑咋，點會嬲妳丫。收工未呀？食唔食宵夜？」

「唔……今晚……唔得，遲啲先再約你丫。」

「又得。」

「聽日我搵到條友再通知你。」

我隱約感覺到Z啲語氣有啲奇怪，有可能係呢排少搵我嘅原因。

廿四 ．Z 經理嘅最後擁抱
續 百利篇 • 廿三

幾日後，Z 經理打電話嚟搵我：「喂，幫你追返條數啦。」

「乜妳真係追得返……」

「我叫佢過返條數畀我，佢仆街到過多一蚊過嚟，咪俾我炳咗佢一鑊金囉……」

「丫屌，佢屋企真係好家教喎，可以惡成咁嘅。」

「所以喺電話度插到佢開花囉，之後佢就冚咗我線啦。」

「收得返錢就算，呢啲人妳都唔使再來往啦。」

「係啦，條仆街正一垃圾，做 friend 都唔好制嘞，以後咪俾我再見到佢。」

我一轉口風。「妳……呢排點？呢排好似好忙咁喎。」

「一時時啦，咁我都想見你嘅。」

「妳幾時方便丫？」

「唔……星期六？」

「照喺樓下等妳收工？」

「聽晚我收九點，我直接過嚟搵你。」

「竟然？妳好似冇幾可過嚟百利呢邊喎。」

「直頭係未嚟過呀，所以得閒就過嚟。」

「得丫，妳知地址呀哇？」

「撞都撞到啦，喺二樓丫嘛。」

「Ok 啦。」

收線後，我總係覺得佢怪怪地。

跟住嘅星期六，唔知做乜冇乜客，八點就已經係最後一個。

呢個客做到一半嘅時候，Z 就嚟到。佢發出一個眼神，向我示意已經嚟到，然後行開；搞掂呢個客嗰陣，佢剛好就返到嚟，手上拎住枝喜力同 Diamond Black，佢應該去咗隔離七仔一轉再上返嚟。

「呢度幾好丫，細細地幾『骨子』喎，你門口個招牌燈幾過癮呀。」佢遞咗枝 Diamond Black 畀我。

我記得有枝開瓶器放咗喺櫃桶度，於是我一邊搵一邊同佢講：「地方太細啦，轉個身都難，仲要少客。做乜今日特登走嚟？」

「都未嚟過，點都要嚟睇睇嘅。」

終於搵到。我喺Z手上拎咗佢枝啤，然後幫佢開。當我掂到佢手指時，感覺到佢微微縮咗一下。

我遞返枝啤畀佢。「感覺妳唔只咁少嘢。」

「嗯，我都知你會知。」

「有乜嘢想同我講？」隨即開咗自己手上嗰枝 Diamond Black。

「恭喜你做老闆啫。」Z 主動同我碰樽。

「老乜嘢闆丫，多謝先。妳係都要呃我嘅，妳點只咁少嘢？」我舉起樽 Diamond Black，飲一啖就唔見咗四分之一。

「係呀，搵你開牌呀。」我都未叫，Z 已經坐咗埋位。

「竟然。」我開始洗牌。

「有乜好出奇，我最初咪又係搵你開牌。」

「都係。咁今次問乜丫？」

「唔……同佢之後好唔好？」

我嘅預感真係幾準。「預計之內。點識？」

「一個好普通嘅客，好普通咁俾佢約咗出嚟，好普通咁 chat 咗一排，最後又好普通咁唔知做乜開始咗。」

「你地開始咗幾耐？」

「大半年前啦，咪就係你開咗舖半年到囉。」

「所以我開咗舖咁耐，妳都冇搵過我。」
「嗰陣怕你忙丫嘛，點知想搵你嗰陣就輪到自己忙。」

「忙住同佢？」我將副牌打開成扇形，然後向佢伸出四指。

「都同佢見得密㗎。」佢好自動咁抽四張牌交到我手。

Z：倒權杖九
男：金幣八
兩者之間：權杖三
Ending：聖杯二

「都 ok 丫……平平穩穩，慢慢向上，係平穩到冇乜嘢好講嗰種。」

「係咪㗎？」

「我幾時有呃過妳丫？」

佢對我笑咗一笑，但表情好快就回復原狀。

「咁卽係叫我放心去馬呀？」

「係呀，唔好嘅我早就勸住妳唔叫妳去啦，係咪先？」

「都……係。」

「我一向都想妳好嘅。」

我地相對無言，dead air 咗大約十秒。

我反過嚟打破靜謐，今次到我主動同 Z 碰樽。「恭喜晒。」

「唉，咪又係咁。係你唔要我啫。」Z 苦笑。

「唏，妳邊頂得我順㗎。妳搵個乜嘢都平平凡凡嘅男人，就係想過平平凡凡嘅生活之嘛，唔通要妳陪我過啲咁刺激嘅生活咩，係咪？」

「應該係嘅……」佢呷咗啖啤酒繼續講：「……不過老實講，之前同你啲刺激嘢，真係幾刺激。」

我指住Z個頭。「咪搞，怕怕，又降頭又巫術又放蠱仲要個個都黐孖筋嘅，劑劑都濕滯，妳介紹親嘅冇個好帶挈㗎！」

「哈哈哈，笑死！」Z開心到拍枱。

「妳就梗係笑得落啦，次次都係我嚟執手尾！衰呀妳。」

喺佢仍然笑緊嘅期間，佢部電話就收到一個SMS，響咗一下，佢瞄咗一眼就收返埋。

「佢呀？」

「嗯……其實，我仲有嘢想同你講。」

「正常丫，妳啲嘢邊只會咁短，邊有咁易講完。」

「我同佢……結婚啦。」

「咁快？頭先ending位張『聖杯二』，仲以爲你地冇咁快添。」

「我都係應承咗佢冇幾耐啫。」

「咁……你地打算幾時搞？」
「時間就預呢半年到啦。佢父母雙亡，我就冇人冇物，平平凡凡的話，就真係可能平平凡凡到簽完張紙就算㗎啦。」

「咁有咁好，冇婆媳糾紛呀，妳同佢就煩少好多嘢。」

講完呢句，我同 Z 再次變得沉默。

我正收返啲牌之際，佢雙手攬住我條頸，錫咗落嚟。

「我走啦。」佢雙眼通紅。

「Ok 啦 ok 啦，有時間咪返嚟搵我囉。」我抽出紙巾，同佢抹眼淚。

「嗯。」跟住佢就攬住我，攬得好緊。

「如果最後我返轉頭的話，我地會唔會仲可以好似咁？」

「未結就諗定失敗要返轉頭？傻嘅。」

「如果啫。如果眞係咁呢？」

我諗咗幾秒。「我身邊冇人的話，梗等妳㗎喎。」

佢攬得比之前更用力。

我喺佢膊頭輕輕拍咗幾下。「行啦，唔好要佢等啦。」

「走啦，好 gentleman 嘅細孥仔。」

我笑咗一下。我差啲忘記咗呢個佢對我嘅稱呼。

有人形容過我「理性到欠缺人性，甚至連對待自己都去到冷血嘅地步」。其實我嘅冷血，係爲緊好多人嘅未來同幸福着想，當然好多人都唔明白甚至唔認同。

不過算啦，始終絕大部分嘅人類都係偏向感性，如果佢地可以理性思考的話，啲客就唔使走嚟幫襯我，我就冇晒生意做㗎啦。

廿五 · 爭取名份嘅二奶

呢日就有一位女士走入嚟舖頭，佢離遠嗰陣我已經唔太鍾意佢，雖然我對眼麻麻地，睇唔清佢個樣，但個感覺已經唔係幾好，個心唔係好想接，有少少想彈佢走嘅衝動。

「聽人講，你冇乜道德，冇乜底線，咁係咪乜都問得㗎？」

一陣刺鼻嘅香水味攻過嚟，聞落似好傳統老牌嗰種鬼婆用嘅香水類型。我自己都有用開香水，但係都唔會用到佢咁濃烈嘅味道，我成日同人講呢種味叫「殺蟲水味」。

「我唔係冇乜道德，只係占卜時唔講道德啫。」

「有分別咩？一樣啫，是但啦。唔講咁多住……」佢一邊拉開張櫈坐低，一邊問我：「……一句到尾，條臭西幾時先肯離婚？」

雖然我完全唔識睇相，但坐得喺廟街一年半載，觀人之術都已經略懂一二。

我霎眼望一望佢個樣，妖艷得嚟鼻鈎如鷹嘴，加上耳尖顴尖下巴尖，應該中咗相學上「五尖同在」嘅四尖，一副貪婪不義之相不中亦不遠矣。

「佢離婚嘅話，妳有乜着數呢？」

「佢同佢老公一齊都唔開心嘅，又唔係對佢好，做乜仲霸住唔願放佢走唧？就咁擺佢喺屋企想點丫？」

我停頓咗幾秒，心中響起：「呢個乜撚嘢邏輯嚟？佢都幾無恥㗎喎。」

「小姐，我想岔開個話題先……」我諗咗一陣，然後繼續講落去：「……請問一下，妳銀行戶口裏面有幾多錢？」

「做乜咁問？」佢頭上出晒問號。

「妳答咗我先丫。頭先我係指可以隨時提得到出嚟嘅流動現金。」

「四五球到啦……大概。」家陣啲人真有錢，認真厲害；亦可能只係我眼光太窄，未見識過大蛇屙尿。

「咁妳不如全部畀晒我啦。」

「吓？點解我無啦啦要畀晒啲 cash 你呀？黐咗乜線呀家陣？當我水魚咁撳呀？」

「呢五球嘢同妳一齊都唔開心，妳又唔係對佢好，又唔同佢傾偈，又唔帶佢出街，做乜妳仲霸住佢唔願放佢走啲？妳就咁困佢喺銀行想點丫？不如就畀晒我啦好冇？放心啦，我一定會對佢哋好好㗎！」

佢伸出食指，指住我之後舉臂上揚。「黐撚線，啲錢我㗎！啲錢我點用關你撚事咩？」

「啱呀，妳真係講得啱呀。」

「吓？即係點呀？」

「妳口中嗰位『臭西』就會同妳講：『黐撚線，個老公我㗎！我同我老公點關妳撚事咩？』。係囉，佢點處置個老公，又關妳乜事呢？」

「呃……」
「唔評論道德嗰方面，妳想搶佢老公還想搶佢老公，個女人對佢老公

係好係壞，同妳並冇半點關係㗎，妳亦唔使畀冠冕堂皇嘅藉口自己㗎。」

「唉，是但。」佢俾我寸到好冇癮，但又反駁唔到我。「我只係想知佢哋幾時離婚，其餘我一概唔理，係咁多。」

我一路洗住牌一路同佢講：「開囉，妳都坐咗喺度咯。」

照開一向嘅做法，洗好牌後攤成扇形畀佢揀四張，先睇對方兩個人嘅關係：

男方：聖杯四
正室：權杖七
兩者之間：寶劍七
Ending：權杖九

「就咁睇，睇唔出佢哋有離婚跡象喎……」

「吓？」

「女方知道男方係有出去偷跳，但係佢仍然好奮力反抗，保住自己嘅位置，所以短期內妳都唔好太大希望嘞。」我指住「**權杖七**」、「**權杖九**」呢兩隻牌，同樣都代表住「守護」同「抵擋」。

「咁眞係冇辦法咩？」

「睇牌就暫時見唔到佢哋會分開嘞。」

「咁我同個男人呢？又會唔會好？」

「得，繼續抽牌丫，逐隻畀我。」我伸出四指，示意佢同樣抽四隻畀我：

事主：寶劍皇后
男方：聖杯七
兩者之間：倒寶劍五
Ending：倒權杖六

「妳爭唔贏㗎喎。」

「點解呀？佢老婆又老又醜，憑乜我會輸畀佢？」相由心生呢個四字成語眞係冇錯，佢講呢句嘢陣，個樣好似童話中嘅巫婆。

「我有講佢老婆咩？你唔係天眞到以爲佢只會得妳一個情人呀嘛？」

「冇理由，而家佢邊有咁多時間得㗎？」

「而家就冇，遲吓就難講嘞……佢一向都好專一，專一在專搵後生女啫，幾年前妳都算係後生丫，幾年後佢咪繼續搵後生女囉，好正常丫，係咪先？」

「有冇咁仆街呀？」

「喂，妳有妳仆街，佢有佢仆街啫，各取所需好正常㗎喎，妳做得呢個位唔係咁都唔明呢個道理呀哇？」

佢雙手揑住拳頭。「我唔得呀，我接受唔到囉！」

「喂，妳撬得人，人就撬得妳，好公平㗎，遊戲規則就係咁，所以妳明顯係一個做得好唔恰當嘅二奶。」

「我爭取應有嘅名份都有錯咩？」
「錯呀，好錯呀，應乜嘢有？妳攞正牌㗎？妳就係錯在去爭取名份呀！眞係識做人二奶嘅女人，佢係唔會蠢到爭名份咁戇居，因爲佢哋都知

道當入主正室之後，二奶個空位自然由後來嘅女人補上……佢哋完全明白因果。」

「咁唔爭的話，又有乜意思？」

我敲敲枱面，加強個語氣。「喂，有個男人得閒錫吓妳呵吓妳，買吓手袋仔小禮物送畀妳，抽到時間就帶妳去遊山玩水飲飽食醉，妳同佢之間就只有拍拖嘅好處，冇正式關係嘅壞處，佢覺得同妳一齊係最刺激，咁仲唔夠呀？妳贏撚晒㗎啦，贏埋佢喺屋企時時刻刻提心吊膽食隔夜餸嗰個黃臉婆啦，妳仲想點撚樣呀？」

「我要名份。」

「屌，妳咪撚戇鳩啦，虛銜嚟㗎咋。妳有冇睇過『家有囍事』陳淑蘭個角色啊？」

「……睇過吓，內容唔記得。」

「家陣罰妳今晚返去屋企連續睇三次先准瞓！佢入咗黃百鳴屋企度住，坐正之後，咪又係喺屋企吸塵拖地做阿四仲要照顧李香琴關海山兩隻老嘢，同以前吳君如仲喺度嗰陣一Q樣！乜有分別嘅咩？」

「……」佢竟然靜咗落嚟唔駁我咀，真係難得。

佢諗咗一陣再講：「我唔細㗎啦！」

「咁唔代表一定要同佢結婚㗎嘛！佢就擺明貪新鮮嘅，幾靚嘅魚，擺得幾年都變鹹魚啦吓哇？仲點夠街市啲魚新鮮？妳想做梅香定實肉丫？」

佢打開個 Prada 手袋，擺低五舊水喺枱面，然後再拎包紙巾出嚟，一句說話都冇講就背住我行出去；我睇住佢背影，佢邊行邊抹眼淚，佢嘅自尊心強到唔可以俾人睇到佢喺度喊。

我嘅客人之中，做人第三者可以講得上極多，但識得點做第三者嘅客的確冇幾多個，不外乎都係「強求」兩個字，累到自己明明可以不勞而獲就擁有到嘅嘢通通化爲烏有，可稱得上極度愚蠢。

廿六 · 冇安全感嘅女朋友

「妳話丫，妳仲想要啲咩丫？」

呢個客喺舖度已經坐咗成大半粒鐘，但係一個正式問題都講唔出嚟。我知佢真係有問題（question），但佢嘅想法本身就有問題（problem）。

「即係……唉……唔識講呀……」佢仍然係呢個位兜兜轉轉，彈出彈入，點問都入唔到題。

「妳成日話佢有問題，但我點睇都唔覺佢有問題喎。」我指住代表佢男朋友嘅一張牌 -「**金幣皇帝**」。

「咁但係……真係有喎。」

「佢真係有的話，妳咪講出佢個問題囉，但妳又講唔出喎，想點呢？似係妳有問題多啲喎家陣。」

「……」佢又唔出聲。

而家我同佢處於膠着狀態，咁好大鑊，阻緊大家時間，同時又消耗緊大家嘅 energy，我唯有自己抽三隻牌問「前面呢條女究竟有乜問題？」。明明當事人就喺前面，唔係聾唔係啞唔係弱智唔係刻意唔表達唔出聲，都要用到呢個咁間接嘅方法去問，我就覺得真係好黐孖筋。

權杖八、Hermit - 寶劍九、倒寶劍皇后

「嗱，佢又冇偷食，又唔係唔陪妳，只係幾爲自己事業拼搏會忙啲啫。

我就唔係好明，點解妳明明同佢拍緊拖，妳都覺得自己一個人呢？」

我指住「**寶劍皇后**」裏面天空上唯一一隻雀，代表住孤單。

「我好驚呀，我真係好驚呀！」佢一路講，一路擰緊個頭。

「吓？有咩好驚呀？」

「我都唔明，佢點解要揀我……」

我驚訝。「吓？唔明妳個意思喎。」

「佢全部 friend 都係靚女，全部同事都係靚女……」

我開始有少許眉目。「哦。然後呢？」

「咁點解唔揀佢哋，係要揀我丫？」

我又扮佢個語氣嚟問佢：「咁妳有冇問過妳男朋友丫？」

「有呀。」

「佢點答妳丫？」

「佢話……『冇得解』。」

「啱呀，真係冇得解㗎喎，佢呢個咪答案囉。」

「唉……唔係呀……」佢又重覆一次：「……佢全部嘅 friend 都好靚女，全部同事都好靚女……」

「咁又點呀？」

「我都唔靚！」

「等妳咁耐，終於講出呢個重點，眞係辛苦晒。」

在我嚟講呢個客係幾靚㗎喎，純情斯文樣，身材一般，唔係賣性感嗰類型，未成熟未定型嗰種細個樣囉，但唔至於叫做差喎。

「咁即係點呀？」

「即係話，妳靚唔靚女，同男朋友鍾唔鍾意妳，係風馬牛不相及，完全兩碼子嘅事。」

「但係佢身邊咁多靚女，又大波又長腿喎，眞係睇到任何一個都搞到我好自卑……」

「咁又代表乜呢？佢鍾意妳一個就夠啦。妳糾纏咗咁耐，只係對自己冇信心，冇安全感啫。」

「咁唔驚就假啦吓哇？佢冇個 friend 唔係靚女嚟㗎！」

我反佢白眼。「不如妳掉返轉嚟諗，如果佢眞係睇靚女爲先，咁點解佢個個都唔揀，最後揀咗妳丫？」

「我就係唔明點解！」

「因爲，妳誤會男人，仲誤會得好深，以爲男人一定要靚女囉。」

「點會唔係呀？乜有男人唔鍾意胸大腳長靚女嘅咩？」

「唔係呢個意思……」我敲敲自己個頭，繼續講落去：「……而係男人搵伴侶，唔係單睇佢係咪靚女係咪身材好，仲有性格匹配夾唔夾得來……呢啲夾唔到的話，幾靚都假啦，做唔到人世㗎喎！」

「我……眞係好驚呀……」

「人類恐懼嘅最大來源，係來自『未知』……妳去主動瞭解佢嘅生活、佢嘅朋友、佢嘅同事等等，恐懼就越少，何況佢本身就冇乜嘢保留，任得妳知都唔怕，咁妳話妳自己驚乜Ｑ丫？講咁耐都係自己嚇自己！佢又唔係冇叫過妳 join 埋佢啲 friend 飲嘢，妳自己唔知淆埋啲乜嘢底唔去之嘛，咁咪又少個機會認識佢身邊嘅女囉！係咪先？」

「我又唔信你唔驚呀！」而家輪到佢強迫我，試圖要我陪佢一齊感同身受：「你試吓你女朋友身邊一大堆靚仔圍住，睇你驚唔驚丫？」

「咁妳眞係錯到絕嘞，我完全未淆過喎！家吓妳估我係妳呀？」我指一指佢再講落去：「其實妳又眞係講中，我之前有個女朋友就係俾大把仔圍，因爲佢係 model……」

「咁……你點丫？」

「有乜點呀？冇乜點㗎喎，出面啲男人有本事咪搶佢走囉，佢地搶到咪佢夠把炮夠叻仔囉，送畀佢囉，唔係點呀？」

呢位小姐 O 晒咀。「咁你都得？你係男人都唔緊張自己女朋友嘅？你究竟係咪愛佢㗎？」

我將棟牌捏返埋做一疊。「愛呢，係畀自由對方，而唔係箍死對方。佢有權選擇任何人，佢覺得同另外嘅人開心啲，我咪放佢走囉，我做乜要限制佢呢？」

「咁……你只係唔夠愛啫。」

「我想佢開心而犧牲我自己，因為佢喺另一個人度會更開心，咁做法都唔算愛呀？點解愛一定要佔有？妳究竟有幾咁細孥仔？即係話，如果妳覺得自己靚嘅程度係足以同妳男朋友班 friend 同女同事分高下的話，妳就會箍住男朋友唔准同佢地溝通交流約出嚟飲嘢呀？妳咁諗嘢法就弊家溜啦！」

「咁……唉……」我講中佢心中嗰句，佢心中亦互相矛盾，先會 hang 機到咁，百詞莫辯。

「安全感係唔可以強逼對方畀到妳，係要對方發自內心兼情願畀妳先有用㗎。佢由始至終都係美女相伴，妳冇理由唔知，更加冇理由要佢為妳而遷就佢嘅社交模式，妳要求佢咁做的話，自私嗰個係妳。」

「唉……」

「其實，在我嚟講，佢算得上非常遷就妳。大把男人，一堆女埋身，過河濕腳總會有，但係佢真係一單都冇喎，仲要每次同妳報到喎，我都做唔到啦，妳仲想點呀？」

「我真係唔識講……」

「拍拖不外乎兩樣嘢，一係信佢 100%，一係就完全唔信。信啲唔信啲，辛苦嘅就只得妳自己嘅啫，自己諗。」

佢俾我半迫半鬧咁焗住走，因為在我眼中佢根本冇嘢搵嘢煩，再磨落去根本冇意思，不如要佢返去再攝高枕頭諗清楚好過。

但係未夠半年，呢位小姐再嚟約我。

「妳終於諗通咗啦？」

「唔係呀，我同佢散咗啦。」

「吓？咁快？」

「係我自己分手嘅……我頂唔順啦，係我叫分手先嘅。」

「咁今次妳嚟問乜？」

「問而家個男朋友，不過都啱啱分咗手。」

「快成咁？妳同佢一齊咗幾耐？」

「一個月。」

「做乜會分？」

「佢有第二個。」

「咪係囉！穩陣嘅人妳唔要，唔可靠嘅就黐埋去……家陣有冇後悔分錯手做錯決定？」

「……」

廿七 · 上門尋仇但搵錯人嘅陳浩然先生

「終於等到你返嚟。」

我收工後趕住返百利見客，就見到有個男人企喺間舖前面等我。

「啊……你好，有乜貴幹？」

我估計佢係由其他客人介紹嚟，點知原來估錯咗。

「你做乜同我條女咁講？」

佢突然爆出呢句，加埋收工趕過嚟開舖已經攰到死，搞到我個腦一時間轉唔嚟，畀唔切反應。「吓？」

「我係問呀！」佢伸出食指指向我。「你做乜同我條女咁講呀？」

「咪住呀先生……」我亦都伸出左手，向佢個方向攤開五指，示意只想清楚件事。「……邊個係你條女呀？」

「Helena 呀！家陣扮唔撚識呀？」佢向前踏出一步，企喺我前面。

唔撚係嘛？之前喺廟街就嚟單「Karena 事件」，而家上舖到百利就嚟單 Helena ？家陣玩呀？［註］

「嗱，先生，搞清楚件事先，佢講你知我講過乜嘢呀？」

「佢同我講，你話我係仆街，家吓佢話要同我分手先得嗝，你乜撚嘢意思呀家陣？」

佢一講完呢句，左手由指變爪，伸前捉住我左手腕，而右拳握拳開始打過嚟……

「屌，又嚟呢啲……」心中不期然響起呢句。唔同嘅麻煩友間中走嚟畀麻煩我，我眞心躁。

要令佢知難而退，我唯有右手握拳，一嘢敲落佢捉住我左腕嘅左前臂上；當佢左手一鬆，我就乘機抽出左手收起放到肋骨位置，破解咗佢呢招擒拿。整個動作同空手道嘅「下段受」有幾分相似。

「嗱，細佬，得些好意須回手呀吓，畀我搞淸楚乜事……」

說時遲，那時快，我都未講完呢句，佢右腳就兜嘢撐向我肚度……

之前佢捉住我左手呢吓，其實已經刺激到我腎上腺素即時飆升，令我不期然進入戰鬥狀態。

佢呢腳右前蹬踢一嚟到我面前，我右手由左至右向下半身劃半個圈，提返起隻手嘅時候剛好撈住佢踢出嘅右腳；我隨即左腳上半步向佢方向靠近，重心移前，左手乘勢執住佢左邊領口位然後向下施壓，同時我左腳對住佢嘅左腳跟水平掃落去，令佢雙腳完全離地；最後佢成個人凌空，成件撻低作結尾；亦因爲商場走廊完全密封，回音效果極大，所以跌落地嗰吓「啪」一聲地異常震撼，其他舖頭啲人走晒出嚟睇。

「哇！乜事呀？」隔離舖啲人走出嚟八卦。

我對住畀我撻咗落地嘅施襲者講：「細佬，我頭先同你講咗㗎啦。」

條友一臉驚恐，唔知點算咁樣，佢應該冇諗過我會還拖。

呢招「鳳凰手」我已經留咗一手，冇喺佢全身凌空時令佢後腦先落地，亦都冇趁佢落到地嗰刻補一腳落佢太陽穴，甚至冇故意將佢揼落我膝頭哥位置要斷佢脊椎，否則後果就不堪設想。當然，我亦唔想對一個完全無仇無怨嘅人下死手，然後做咗殺人犯，除非佢要殺我嘅啫。

「喂，我呢排冇接過一個叫 Helena 嘅客喎，你有冇搞錯咗呀？」

「冇理由！我明明搵到你張卡片！」佢喺衫袋度真係揞咗我張卡片出嚟。

「吓？咁又代表乜呀？咁多人都有我卡片，我啲卡片通街派㗎喎！」

佢慢慢爬返起身。「咁樣佢仲唔係搵過你呀？」

「我唔知咁多！總之我就冇接過一個客叫 Helena，就算有都唔關你事，我亦唔需要向你交待，清唔清楚呀？」

我冇可能出賣個客嘅私隱，無論個客有冇搵過我都好，我唔會蠢到向佢證明；條友想知，就自己去搵證據，但唔好煩到我。

「你話冇丫嘛？我而家就即刻打俾佢，等你死得明明白白！」條友講完呢句，就即時打電話俾佢口中嘅 Helena，仲開埋個喇叭。

電話響起，接聽嘅係一把女聲：「你又打嚟做乜呀陳浩然？」

呀陳生呢個名真係夠晒街市，一個招牌砸死百幾個嗰種。

「我上咗百利商場，終於刮到……吳……十三。」陳生一邊講，一邊喺卡片度搵我個名讀出嚟。

「咩呀？」

「吳十三呀！之前妳話嗰個占卜師呀！」

「咩呀？你講咩呀？」

「妳仲好講？成日搵埋啲占卜神棍！我而家就刮到佢出嚟對質呀！」

「我幾時有搵過吳十三呀？」

「妳仲話冇呀？我搜到妳書房枱面擺卡片嗰個格，就有佢張卡片擺喺度，妳冇搵過佢又點會有佢張卡片呀？」

「黐線！阿思介紹畀我㗎！我都未去過！」

我撟住對手，好刻意咁發出乾笑聲：「哈，哈，哈，點解會咁嘅呢可？」

「做乜會有第三個人把聲㗎？邊個嚟？」

「呀小姐，妳就係……Helena 小姐呀嘛？」

「我……係，你邊位？」

「我就係卡片嗰個吳十三……喂我唔知妳同佢搞乜鬼嘢，不如同佢講清講楚先好冇？我仲要做生意㗎呢度。」

「丫 sorry 吳生，麻煩到你。」

「我想講呢……」我望一望條友個無奈黑面樣，然後繼續同 Helena 講：「……雖然呢單嘢明明唔關我事，妳亦都冇見過我，但呢條友好躁底，頭先對住我係咁郁手郁腳，好冇家教，其實妳同佢分手真係分得好啱好正確……」

陳生聽到我咁講，即時發晒爛咋。「喂你！你同 Helena 講乜撚嘢呀家陣？」

「嗱，本來呢單嘢係完全唔關我事嘅，但因為你衰衝動，而搞到變咗關我事；咁我又抵唔住頸，見你戇鳩得咁撚緊要，呢鋪真係唔玩你都對唔住自己……」

「丫屌你老……」條友又係咁，講到一半又想打過嚟。

「嗱，第二次啦……」我早就將抽開舖鎖匙握喺右手掌心中，喺手指罅中凸晒啲鎖匙尖出嚟，佢一有動作，我就伸出右拳僅僅放喺佢眼前一寸位置。「……咁多人望住你仲想亂嚟？」

其中一個由舖頭走出嚟嘅花生友突然講：「喂，使唔使報警丫！」

「報丫，我就係店主，佢嚟搞事，我怕佢有牙呀？」

陳生聽到我同花生友咁講，知道再咁落去毫無着數，佢就收返起部電話，然後一嘢擰轉身撞開啲人就跑咗出去，快到影都冇。

我冇跟住追，一來追嚟冇用，二來預約嘅客就快到，無謂搞到甩咗個客，唔好為咗個傻仔跣錢。

我前世唔知做錯乜嘢事，總係畀啲白卡癲佬黐住，呢單已經算好小意思，冇搞出太大麻煩。

都係嗰句：你哋邊個聽到有人講我呢行「淨係鳩噏幾句就收到錢好好做」嘅話，叫佢出嚟見我。

[註]：Karena 事件，請看【廟街占卜師實錄 • 十六 • 自以為同人拍緊拖嘅追求者】

廿八 · 魔鬼同天使之間嘅腦內鬥爭

「我啲嘢問完嘞……」

我開始收返起副塔羅牌。「冇嘢問嘅話就咁啦喎，之後你就……」

「咪住……」佢打斷我之後，自己繼續講落去：「……唔係，我仲有嘢問㗎。」

「呀！咁呀……」唔收都收咗，咁不如就繼續洗牌。「咁仲有咩要問呢？」

「想……幫個 friend 睇睇佢老公嘅嘢……」

「咁佢老公嘅嘢，同你本人有乜關係呢？」

佢咗呆一下。「乜……唔係任問問題嘅咩？」

我拉一拉好張櫈，坐返直個身。「我意思係，你係可以任問關自己事嘅問題，但你個friend個老公嘅事嘅話，同你有乜直接間接關係先？」

「我問我屋企人嘅嘢，咁又問得？」佢右手攤開，掌心向上，指尖對住我，示意我回應。

「嗰啲係你家人，有親密血緣關係，只要唔關係到佢哋個人私隱，同時個問題對你有直接影響的話，咁當然問得啦。」

佢開始提高聲線，睇嚟有啲不滿情緒。「老公老婆都冇血緣關係啦，咁又問得？」

「喂，佢有事即係你有事，兩個人已經組織埋個家庭，係呀你哋兩個人係冇血緣關係呀，但個關係都係非常密切㗎嘛。」

「……唔…………」佢神情開始有變，又捽眼又捽鼻。

「問你個 friend 嘅私人問題其實都好唔應該㗎嘞，仲要問一個離你咁遠，更唔關你事嘅人？中間隔咗兩層冇血緣嘅關係喎……」

「其實……」佢開始變得吞吞吐吐。「……不如你睇睇丫。」

佢咁講法，已經聞到陣味，不過我照一向咁扮吓嘢。「咁奇怪？」

我再次洗牌，洗完揑返做一疊，隨手 cut 一 cut 拎隻牌出嚟望望：

聖杯六

「你同個 friend 個男朋友……竟然……」

「係呀，咁你明啦。」

「幾耐之前嘅事？」

「都有成十年㗎啦，一齊半年就散咗囉。」

「咁你個 friend……即係佢女朋友都唔知？」

「連我老婆都唔知。」

講到呢度，我同佢面面相覷。

「哇，原來你哋咁精彩……不如你老實啲講，你究竟想點？應該話……

你究竟想同佢點？」

「不如咁問，佢而家見到我，佢個心想點？」

「哇乜刺激呀？你頂得順先好喎。仲有，你個 friend 點算？」

佢喺度諗咗成幾分鐘，係咁拍自己塊面同敲個頭殼，係敲到咯咯聲嗰種，明顯內心掙扎得好緊要，腦中嘅魔鬼同天使打晒大交。

最後佢都鼓起勇氣講：「唉，死就死啦，都唔爭在。」

既然佢都講到咁，當然就照同佢開牌。

「我重覆一次：喺呢張占卜枱上面，我唔會同你講道德，只講可行性，但所有後果同行為都要自己承受返，清唔清楚？」

「嗯……」佢好用力合緊咀唇，明顯跟住落嚟嘅結果令佢帶嚟壓力。

問卜者：權杖二
對方：聖杯三
兩者之間：寶劍七
Ending：**倒寶劍九**

我睇到開始皺眉。「今次鋪牌都幾奇怪呀吓……」

佢聽到我咁講，雙眼就開始不停咁眨，好似小學生好緊張嘅時候一樣。

我唔太明點解會出「**聖杯三**」，明明佢兩個而家都仲係互相猜度中，又何來會有明確關係？都係開多隻睇睇對方嘅感情關係穩陣啲先。
Lover - **寶劍七**

「唔怪得啦。」

「咩……咩呀？」

「最少佢仲未放低你，不過……佢亦都唔會為咗你放棄其他人。」

「你指佢女朋友？」

「哈！點只咁少呀！」

「即係……佢出面有其他人？」

「睇嚟就係嘞。」

佢呆咗一陣再問：「咁……即係點呀？」

「我點知你想點呀？簡單而言，你同佢仲可以點？」

「睇佢想點。」

「想玩囉。咁你又想同佢玩吓呀？」

「諗……緊。」

「咁你即係出賣自己個 friend ？同埋你老婆呢？」

「喂你又話唔講道德嘅家陣？」佢聲線突然提高。
「我只係提醒你呢個問題啫。你要唔道德的話，我點講你都會照去馬㗎啦，係咪？」

佢又開始敲個頭，仲比之前更用力。「唉，咁點好？」

「係好兩難……丫係三難先眞。我個人就唔建議嘅，因爲根據鋪牌嚟講，好容易會穿煲，然後就同所有關事嘅人都反晒面……」我指一指「**寶劍九**」呢張俗稱「惡夢」嘅牌。

「眞係……同佢有多少少都唔得？」

「唔，我已經講到咁嘅地步，你覺得値嘅話咪去馬囉係咪？我講晒個可能性出嚟你知嘞……你自己返去慢慢諗，最清楚要點係你自己，所以再問落去都冇用。」

我開始收牌，佢一邊打開銀包交低相金，一邊用頸夾住部電話開始對話，而我就無意中聽到當中佢講以下幾句：

「呢幾年點？我可以點？」

「等唔等都等咗咁多年啦，都唔爭在等多一個鐘。」

「而家喺尖沙咀。」

天使同惡魔之間嘅鬥爭，往往惡魔都係勝利者。

人性本惡。

而家到我問睇緊呢篇文章嘅你：如果當中主角就係你，你點揀？點打算？點處理？

廿九 ・ 要我收留佢嘅離家少女

呢日有枱客，一男一女上嚟舖頭。男個樣望落似廿中，染晒金髮中間分界，成個 MK 仔咁；個女仔望落好細個，樣就嫩口兼鈍鈍地，眼耳口鼻明顯都未定型嗰種，可能二字都未出頭。

「喂，落去七仔買兩罐嘢飲上嚟，買埋包紅萬硬盒。」MK 仔對住個女仔講。

「飲……乜嘢呀？」女仔把聲冇嚟神氣咁。

「一向買慣㗎啦，妳又問？」佢呢句明顯帶住幾分責備嘅語氣，我呢個外人聽起嚟，份外哽耳。

「……」女仔冇再出聲，頭耷耷就行返出去，落去樓下。

一睇到佢地嘅交流方式，心中成盤數自動出晒嚟。我偷偷地 cut 疊牌望咗一眼，心裏不期然「屌」咗一聲，因為開出嚟嗰隻係「**倒金幣六**」，有「用某種利益控制對方」嘅意思。

佢拉埋張櫈。「終於使走咗佢，唔使煩，問得。」

我一邊洗住疊牌一邊講：「有乜幫到你呢？」

「我想問呢……」佢指住出面講：「我係咪真係佢嘅初戀？」

我啱啱洗好副牌擺低，側側地頭望住佢問：「點解呢個問題你走嚟問我，而唔係直接問佢呢？叫佢答你確實得多啦呀嘛？」

「我驚佢會呃我。」

「吓？」我撳一撳發痕嘅後腦。「……呢度有兩個問題先要問你嘅：第一，當佢真係呃你嘅話，咁對你有乜實際影響呢？第二，你『驚』乜？有乜好『驚』？」

佢應該冇估計過我會問佢問題，所以當場 hang 咗幾秒機，然後好勉強咁諗到一個答案出嚟應付我嘅提問：「咁……總之呃我就唔得啦！拍得拖就要對對方老實㗎啦吓嗱？」

「咁呢層就當然嘅……」我繼續講：「……但無論係點都好，始終對你都冇實際影響㗎喎。」

佢即時扯高八度，語氣略帶激動：「咁梗係有分別啦！點會冇呀？」

「吓？咁個分別喺邊呢？講嚟聽聽，同你分析一下丫。」

「唉，你真係……」佢提起右手指一指我，表情有啲唔耐煩，唔知係示意我咁都唔明佢嘅意思定係覺得我似係質問緊佢；我就當然明乜事，但我偏要佢親口講出心中嗰句。

「……我唔係佢第一條仔嘅話，咁好大機會佢唔係處嚟……」

「哈！」我不期然笑咗出聲，佢講中我心中嘅答案，真係咁荒謬。「咁佢係咪處，又代表咗啲乜呢？」

「喂，食嘢都食新鮮㗎啦吓嗱？人地食過掂過嘅你唔怕食埋上一手啲口水尾呀？」聽到佢呢句，我以為自己坐咗時光機，倒流返去五六十年前。

「岔開個話題少少，如果佢之前冇拍過拖，又冇出去玩，但唔係處，你接唔接受得到呀？」

「你係咪講細個踩單車冇咗個處嗰種？」

「嗰亭啦……類似啦……」

佢好凝重咁諗咗一陣答我：「都唔得，我都接受唔到，因爲我一定用全新冇爛嘅，二手更加唔得。」

「咁你係咪處？」

「早就唔係啦！懂事嗰吓就冇咗啦！」

「而家幾多歲？」

「廿五。」

我再一次捺後尾枕。「即係你自己唔係就得，佢唔係就唔得，係咪咁？」

「屌！男人同女人邊一樣㗎？」

後生細仔就壞腦成咁，幾時到得大？佢冇一個諗法唔係以父權角度同利益出發，眞係唔係一般壞腦咁簡單，講得上係根深蒂固，冇得救嗰種，呢個情況九成係同家庭教育有莫大關係。

我右邊眉毛不期然蹙咗一下。「咁樣樣……你好大鑊㗎喎……」

「我鍾意揀處同個問題又有乜嘢關係呢又？」佢啲語氣似係覺得我寸緊佢咁。

「點會冇關係呢？你同佢之間根本就冇咗信任，咁你同任何一條女拍拖都唔會信得過對方㗎喎。」

「喂，佢聽聽話話，老老實實，乜都同我講清講楚就得㗎啦，有乜問題呢？」佢雙手一攤，掌心朝天。

我頂佢唔順，忍唔住皺起眉頭。「其實……你知唔知乜嘢叫拍拖？」

「咁關我係咪佢第一條仔乜嘢事呢？」

「你答咗我先丫……乜嘢叫拍拖？甚至……乜嘢叫愛？」

「做愛我就知！」隨即佢拍掌三下，發出「啪啪啪」掌聲。

「你咁樣答得我，已經知道你根本唔知乜嘢叫『做愛』，你只知……」我接住呢句拍三下手掌，同佢對上嗰句一樣。

「屌，有撚分別咩！咪又係搞！」

「你同佢拍拖又好，上床又好，當中有愛嗎？喺我眼中，你對佢都冇愛，只係有個女人喺側邊陪住自己，想嗰陣就搞佢，搞完就掕埋一邊，咁你係咪佢嘅初戀，甚至佢係咪處，對你又有乜關係？家陣你都同佢搞過啦，仲想追究啲乜嘢呀？」

「我唔理咁多，只係想知究竟我係咪佢第一個男人？」

佢算得上係我入行咁耐以來數一數二態度惡劣嘅客人，但我幾有興趣研究佢呢個 case……不如話我幾想睇佢之後有乜下場，所以我同佢照開呢鋪牌：

High Priestess + 聖杯二

「睇牌面，佢又冇講大話呃你嘅……」

佢面口即刻寬容返少少。「哦，咁就得……完全冇第二啲男人出現過㗎？」

「冇啦，完全睇唔到。」

我偷睇隻底牌，係「**寶劍四**」。點解會咁？個女仔實際諗緊乜？

喺我諗緊點解之際，咁啱呢個女仔就返咗嚟。

條友拎住女仔手上遞過嚟包煙，開口就問：「個火機呢？」

「你……頭先都冇叫買。」

佢又鬧個女仔：「屌！好心妳醒少少啦！行緊過嚟嗰陣已經話頭先個火機冇晒油，咁妳就順手買埋啦！妳究竟有冇心裝載㗎？家陣我係咪要鑽木取火先點到煙丫？」

女仔俾佢鬧到頭耷耷。「……咁我落去再買囉。」

「等得妳返嚟就蚊瞓啦！」佢轉個頭同我講：「我落去食枝煙，好快，轉頭上嚟繼續問。」

佢基本上冇問過我意見，對腳已經開始行出去，留返我同個女仔喺度。雖然佢都幾仆街，但咁有咁好，我可以乘機同呢個女仔溝通一下。

我確認佢落咗下層後，就開始問個女仔：「阿妹，講唔講得妳同佢拍咗幾耐呀？」

「呀……一個月到啦。」

我俾佢呢個答案嚇窒。「一個月已經仆街到當妳阿四，妳仲同佢一齊嘅？」

「都唔係嘅，有時佢都幾好……」

「吓？拍拖唔係咁㗎喎，有乜理由當妳工人咁使㗎？咁都算啦，仲呼之則來揮之則去，咁好唔掂喎。」

「佢……都係緊張我啫。」

「阿妹，趁佢喺樓下煲緊煙，我幫妳睇，唔收妳錢。」

女仔對眼卽刻放光。「係咪㗎？」

「妳唔好話俾佢聽就得啦！我地快手啲，唔好俾佢見到！」出嚟行走江湖咁耐，呢啲蝕本生意當然唔會死錯人，其實就係套料爲實。

「當然好。」

「妳想問乜？」

「我同佢……之後點丫……」

「妳仲問同佢呀？」

「你哋個個都話佢對我好仆街，其實我已經覺得咁樣好好。」

我向佢豎起四隻手指，示意佢抽四隻牌出嚟。「妳覺得佢好在乜？」

佢一邊抽牌一邊講：「我俾老竇趕咗出嚟，佢畀我同佢一齊住……」

咁唔怪得頭先嗰鋪嘅底牌係「**寶劍四**」啦，呢隻牌有「搵到個暫時庇護嘅地方」嘅意思。

跟住佢抽出嚟嗰四隻仲驚訝，因爲之前已經出過晒咁滯：

女：寶劍四
男：Devil + **金幣六**
兩者之間：倒寶劍八
Ending：**倒** High Priestess + **倒聖杯二**

「如果妳眞係如鋪牌所講，咁對妳嚟講係相對好嘅。」

「做乜？點解呀？」

我指住「**金幣六**」張牌講：「佢就擺明當妳係工具嘅啫，冇乜感情，當妳乞兒咁樣，得閒就少少甜頭過妳，唔得閒就一毫子都冇，咪就係而家個情況囉……」

「……」佢咪起個咀嚟聽我講解。

「照正常嚟講呢，應該都會分手嘅。邊個提出就唔知，但希望妳係提出嗰個，因爲代表住妳嗰陣已經醒覺，自己話到事。」

我翻轉成疊牌，底牌係「**金幣皇后**」。

「唔知……我眞係唔知……」佢一邊講，一邊擰頭。

「收埋佢，日後妳就明我講乜，妳自然就會搵我……妳咪畀佢見到呀。」講完我遞咗張卡片佢。

開始聽到外面走廊嘅腳步聲，我將啲牌收返起一疊，而佢就將張卡片攝落銀包度，我地兩個即時扮冇嘢……

條 MK 仔返嚟嗰陣，我見到女仔向我偷笑咗一下……係當晚佢唯一一個笑容。好彩條友睇唔到，否則女仔好可能之後有手尾跟。

隔咗唔夠一個月，當晚我做完最後一枱客，正想收舖嗰陣，突然有個電話打嚟……

「喂，師傅呀……」對方講呢句嗰陣把聲都幾鬼鼠。

「妳好，邊位？」

「幾星期前我同男朋友嚟，你同我免費睇牌嗰個呀。」

因為佢個樣平凡到冇突出之處，所以我個腦都要 load 十秒先記得佢。「呀！乜係妳呀！妳家陣打得我，睇嚟都唔慌係好事……」

「我有啲嘢想問你少少意見……」

「當然得，咩事先？」

「佢……打我呀！」

「吓？妳之前唔係話佢對妳好好嘅咩？」

「上次見你嗰陣，佢都仲幾好嘅，之後幾日就開始有郁手啦。」

我眉頭一皺。「咁之後點？」

「之後……隔一兩日就打我一次……」

「直到而家？」

「剛剛先郁手，刮咗我幾巴。」

佢講出嚟個語氣好輕描淡寫，係扮鎮定呃我都還好呀，我只係驚佢已經成爲習慣，還好係佢仲識得搵人幫。其實佢呢個情況，之前大概都估到好大機會發生。

「妳而家喺邊？」

「我自己入咗房，鎖埋咗。」

「咁個位置安唔安全先？」

「佢喺出面大廳自己睇電視。」

「好……咁妳家陣想點先？」

「想你幫我就咁睇吓牌得唔得？」

「吓？家陣仲要睇乜嘢呀？」

「想睇吓之後同佢會唔有好轉……」

我聽到佢呢句眞係擰晒頭。「唔使睇都知唔會有好轉啦，妳轉過個諗法，離開呢度好過啦！」

「唉……我都冇錢……」

「但係咁落去唔係辦法㗎喎，不如妳考慮去啲社福機構，最起碼都有個地方妳瞓丫。」

「我諗吓……」

「唔好諗啦，佢再打妳嘅話點算呀？」

「我……再諗吓……」

咁嘅情況我都冇得逼佢，唯有希望佢有醒覺嘅一日……

又隔多十幾日，又係我臨收舖嗰陣，佢粒聲唔出就走咗上嚟。

「妳自己一個走過嚟嘅？」

「我走咗出嚟，唔打算再返去㗎啦。」家陣我先見到佢孭住一袋嘢，睇嚟應該係佢僅餘嘅家當。

「咁妳今晚點過？係咪有 friend 幫到妳？」

「冇呀……」

「咁點算呀？」

「可唔可以……借個位我瞓呀？我就咁瞓呢度都得㗎。」佢指一指我間舖個地板。

之前【百利篇 · 八】都提及過呢間舖嘅尺寸其實好鬼死細，連轉身都有困難，瞓喺地的話要唔多點郁先得，住人就更加唔可能。

我拍拍額頭。「吓？唔可以長期係咁㗎喎，不如……聽日幫妳去社福機構度搵個地方先啦，我打社工朋友，希望問到。」

「……」佢冇覆到，咁我當佢應承，始終長貧難顧，點都要解決佢目前呢個問題，於是我卽時打個專做呢類 case 嘅社工 friend，希望佢幫到手。

還好佢都好快手，兩三個字已經聯絡到同行做呢個 case，叫我第日朝早就去佢指定嘅機構接頭。當然，今晚就點都要喺舖頭度過。

「搵到機構，聽朝九點同妳過去，喺九龍城嗰邊。」

「嗯⋯⋯」佢仍然唔講完整一句說話，只用單音覆我就算。

我將張枱搬出舖外面，擺喺櫥窗前，順便拉埋個窗簾。「執開啲嘢等妳今晚有得瞓，妳唔好郁到啲嘢就得⋯⋯妳食咗飯未？」

「⋯⋯」佢依舊唔出聲。

「肚空點瞓得着呀？同妳出去食少少嘢再返嚟瞓啦。」

佢明顯係口是心非，把口唔講，但對腳就跟住我走。

去到茶記坐低食咗餐快飯，除咗叫嘢之外佢都冇出過聲，咁就不如佢過埋呢晚先算。之後我同佢返舖，交低舖頭同廁所鎖匙佢就走。

第二朝都只隔十幾個鐘，我諗應該唔會出乜嘢大問題啩，何況舖裏面根本冇嘢值錢，連 cash 都冇留喺度，咁都出事就只好認命。

第日係星期日，唔使返工，但我都要晨咁早起身走返去舖頭搵佢。我去到嗰陣，佢啱啱喺商場廁所行出嚟。

「瞓唔瞓到呀？」

「總好過有得震冇得瞓⋯⋯」

「妳總算肯講句嘢……而家好走啦。」

少少時間佢執返好啲嘢後，我同佢喺附近啲快餐店食個早餐，就坐巴士過去九龍城。百利門口一出就有巴士站，好方便，大概廿分鐘就到。

去到嗰個機構度，對方都大致瞭解個狀況，最終係願意接受佢呢個case，即時安排佢入院舍住。

我臨走嗰陣，遞咗三舊水佢。「用住先啦，個人用品啲淋糝嘢點都要買。」

佢個頭輕輕左右擰，但右手就慢慢向前伸。呢個身體語言代表住佢無奈地接受，事實上佢係一個幾善良單純嘅女仔，唔想接受其他人幫助，但呢個環境令佢無可奈何。

「之後搵到工會還返你㗎啦！」

「得啦，妳安頓好先算。」

「得你……一個肯幫我咋。」佢講呢句嗰陣就開始眼紅紅，眼淚就跟住滮出嚟。

我拍拍佢膊頭。「得啦得啦，而家冇嘢就得，妳有乜嘢唔妥咪打我囉，妳仲有我電話㗎嘛！」

「嗯……」

我咁就走咗。之後佢都冇再打過嚟，在我嚟講其實係一件好事，因為如果佢再搵我，代表住唔慌係好嘢，冇打我就代表住冇出事，咁就由得佢自己生活落去好過。

再隔咗幾年，件事都忘記得八八九九。我收到個約我 booking 嘅電話，我照樣約佢喺一間 cafe 開牌，因爲嗰陣我已經冇租百利嗰邊，再次「流浪」。

當見到佢嗰刻，我完全認佢唔出，只覺得佢好面善。

「你眞係唔記得咗我呀？」

我狂搲頭。「妳……好熟面口呀……」

佢已經冇咗之前嘅豬兜樣，係靚女咗超級多，同之前判若兩人，着嘅衫裙都係高級貨色。

「呀……原來係妳！同妳去院舍之後，已經冇再聯絡啦！做乜而家先嚟搵我呀妳？」

佢「嗚」一聲就爆喊攬住咗我。「多謝你呀十三哥！唔係嗰陣你帶我去院舍的話我就要瞓街啦！」

「唉……妳冇事就好。」

一齊坐低之後，我再問佢：「嗰陣喺院舍，之後點樣？」

「啲姑娘好好，我住咗一排就開始搵嘢做，做咗 sales。」

「賣女裝？」

「係呀。後來有個阿姐帶我過檔，去咗名店度做，都差不多四年啦。」

「而家仲做緊？」

「係呀，就嚟升 shop manager 啦。」

「哇！乜妳咁勁！咁仲住緊院舍？」

「走咗好耐啦，我做名店嗰陣，人工好咗好多，就開始自己搬咗出嚟，但我間唔中有返去院舍幫手嘅。」

「咁妳仲掂過我呀家陣！」我飲啖水繼續問：「想問返……嗰陣喺嗰條友度住，究竟係點㗎？妳搵我嗰陣都冇講好多嗰度嘅事，我又唔敢問妳太多嘢……」

「唉，黃腫腳不消提呀眞係……」佢抖咗啖大氣繼續講：「……佢要我去佢度住，根本就係想搞我……」

「嗰陣你地唔係一齊咗嘅咩？」

「我離家出走嗰晚本來約咗個 friend，點知佢就放我飛機，我就坐咗喺酒吧一晚白等，條友就叫我坐佢嗰邊枱，糊裏糊塗就叫我做咗佢條女。嗰陣我仲成個豬髧兜咁款，完全唔知發生乜事，當晚跟咗佢返屋企，就畀佢搞咗……」

我聽到佢嘅描述已經皺晒眉頭。

「……不過其實又冇乜事……」

「吓？即係乜？」

「啲人話第一次好痛，點知嗰陣又完全冇，之後佢搞我都冇痛過，我以爲係咁……後來我同其他男人一齊，先知當時佢根本破唔到我處……」佢伸出半節手指尾比劃當時情況。「……當晚我搵你嗰陣，一寸以內全部都係新淨嘅。」

「哇哈哈哈哈，咁算唔算係不幸中之大幸？」我地兩個當場爆笑。

佢拎咗個信封出嚟。「總之，我好多謝你收留咗我呢個豬髮兜一晚啦。」然後就推到喺我面前。

「喂，乜嚟㗎？好驚喎。」其實我都心裏有數。

「還返當時你我嘅三百蚊，不過返到去先至好拆啦。」

當晚傾得好愉快，返屋企後我拆開個信封，除咗三張紅衫魚外，仲有一封信同一張收據。

「十三哥：

我同你接觸本來就唔多，但冇諗過你仍然會幫我咁多。唔係初次見面你都願意免費幫我睇牌，偷走當晚唔係你肯收留我的話，好可能我又重覆返條舊路，唔知又會畀個乜嘢男人搞，而之後條路亦唔知點樣行落去先好。

依你性格，我畀錢你你應該都唔肯收，亦都好似侮辱咗你咁。我諗到一個你會接受嘅辦法係，我以你嘅名義捐錢去返之前院舍嘅機構度，希望你鍾意我呢個做法。

你收留我呢一晚，唔係單止係幫咗我呢一晚，而係救咗我呢一世。

XXX 上」

打開張收據睇，裏面係我個名，銀碼係一萬。

三十 · 陷入忘年戀嘅外婆

「你會唔會……覺得我好變態？」客人問呢個問題嗰陣，語氣好戰戰兢兢，好似驚我會歧視佢咁。

「未至於嘅，起碼佢過咗十六歲，又唔係被迫嘅……」

我拎起盒檸檬茶，呷咗一啖繼續講：「……重點係，而家提出分手嗰個係佢，唔係妳，佢完全知道自己做緊乜，有意識嘅，唔係傻吓傻吓乜都唔知嗰種。」

佢又開始喊。佢剛剛入嚟嗰陣，卷廁紙仲有一半，而家差不多俾佢用晒，好彩櫃桶仲有一卷未開嘅做後備。

「妳喊完先再講丫。」

佢喊得好淒涼，撕心裂肺咁樣，我唔明點解佢會咁激動。在我嚟講，呢個 case 發生嗰陣，應該早就預咗最後得出個結果就係咁㗎啦，唔係仲有乜嘢可能會發生呢？

我由得佢喊，因為家陣乜都做唔到，監硬同佢傾嘅話佢都入唔到腦嘅，咁冇意思，就畀佢發洩一輪先。

一向好怕睇到女人喊，但自從入咗呢行之後，我對呢啲場面已經變得麻木，甚至講得上係冷血。

佢有佢喊，我有我播歌。部 laptop 就放喺隔離，打開 Winamp，random play 隻歌出嚟聽聽緩和一下氣氛，點知就出事……

「結果我共你～仍然逃不過被圍攻被捨棄～」

「唉，sorry，隨機播㗎咋，我⋯⋯播第二隻。」講完呢句我就開始打開 playlist 度搵歌。

我正揀緊第二首歌之際，佢就伸出右手對住我。「唔⋯⋯唔使，我⋯⋯想聽落去。」

佢咁講，我當然由佢，何況對我嚟講咁樣播錯歌法係錯有錯着。

「⋯⋯苦戀注定難～我已經習慣～沿途承受不留情的雙眼～」

播到呢段嘓陣，佢喊得更凄厲⋯⋯我仍然乜都問唔到，就畀佢繼續落去。

「⋯⋯喜歡這負擔～看冷酷人間～何年何世～爲你共我苦戀驚歎～爲戀愛平反～」

而家可以講得上係呼天搶地嘅程度，好彩成個場都冇乜人行過，否則眞係會嚇親街坊。

喺播歌期間，我已經洗定副牌。首歌一完，我就反轉個底牌出嚟睇睇：

聖杯八

呢張牌有「雖然係自己一手建立，但不甘現況所以離開」嘅意思，好明顯係男方呢一刻嘅心意。

「不如問，其實妳想點？」

佢抹咗一下眼淚，隔咗成分鐘先開到口：「我都知搞成咁已經冇得挽救，但係……可唔可以同佢仲有少少關係連住？」

我蹙起右邊條眉，腦中打轉。「唔太明白妳個意思……點樣有關係連住法？」

「例如……我做佢……契姐……甚至契媽……」

其實底牌已經睇出男方只想離開，都唔使再追牌，不過就順佢意，開多張牌畀佢睇，我示意佢抽一隻俾我：

倒聖杯六

「喂，佢醒過妳好多喎，佢都知同妳只係遊戲一場，而家就要返回現實。」呢隻牌大意係「回憶之前嘅日子」，反牌的話就變成「脫離以前嘅回憶，返回實際日子」嘅意思。

「即係……呢三個月以來……最後乜都冇呀？」

「最後，仲有份回憶留得返低囉，妳仲想點呀？」

佢擰擰頭講：「我……放唔低呀！」

「係呀，但……佢已經放低咗啦喎！」

佢又爆喊。我再拎埋僅餘一卷廁紙遞俾佢。

冇幾耐，佢部電話突然響起。佢望一望電話個來電顯示，即時收晒聲，然後再清一清喉嚨先接聽。因爲佢部電話個喇叭都幾大聲，舖頭又靜喎，所以佢哋嘅對話內容我聽得一清二楚。

「阿媽，妳喺邊呀？」

「啱啱出咗地鐵站，就到啦。」

「喂，你叫婆婆快啲嚟！」

對面把聲轉咗，係一把細孥仔嘅聲嚟。「婆婆，媽咪話叫妳快啲嚟呀！」

「得啦得啦，你同媽媽食住先，同媽媽講婆婆好快就到，知唔知？」

「知！」

佢一邊講電話，一邊放低相金就急急腳起身離開，再冇同我溝通過。

呢個算係我見過年齡相差最大嘅案例，男方十七歲，女方四十七歲。

所以，對我嚟講冇乜嘢可以令我覺得新奇，雖然死鬼外婆話齋「一百歲未死都有新聞聽」。

卌一 · 有處女情意結嘅阿媽

「咁……點先可以令我阿媽回心轉意？」呢位客人一面無奈，愁眉不展。

「冇㗎喎，一係無視你阿媽，同女朋友繼續一齊，一係就分手嘅啫……」

「有冇兩全其美嘅方法？」

我揭開底牌一望，不期然擰擰頭。「邊有啊？有的話你家陣唔使咁頭痕啦係咪？」

我將成疊牌翻轉，露出底牌，係「**寶劍皇后**」，大致可以解作「一個唇槍舌劍麻撚煩煩嘅女人」。

佢不斷搲自己個頭，感覺上佢頭頂將會噴出白煙。

「你放唔低個老母，但又放唔低條女，咁就梗係會變成呢個狀況㗎啦，邊個叫你咁貪心啊？」

「吓？我咁都算係貪呀？」佢嘅語氣非常不忿。

「梗係算啦！明顯呢兩樣嘢唔可以兼得嘅，你硬係要兩全其美，頭痛咪你自己一個受晒囉。」

「唉，唔係講笑，家陣頭痛開始嚟……」見住佢塊面開始變青，連口唇都白埋，然後敲咗幾下落魂精度。

我打開個櫃桶，拎咗盒 Panadol 出嚟。「你係咪要呀？畀粒你丫！」

「今次眞係要，唔係講笑……」佢諗咗幾秒再講：「……我仲想要多一粒，多謝先。」

我拆出嚟遞咗畀佢，佢接過之後，就即時啪咗再飲啖水。

「我去個洗手間，好快。」佢問我借條廁所鎖匙後就噚噚臨出咗去。咁佢都好快手，幾分鐘就返咗嚟。

「點呀？好啲未？」

「出去行個圈吸啖新鮮空氣已經好好多，頭先喺廁所我爭啲嘔咗出嚟，個頭赤到我死咁滯，冇你畀藥我的話眞係唔走唔得，咁啱我冇帶喺身，尋日食完又唔記得買。」

「你都係要帶頭痛藥喺身？尋日又發作呀？」

佢噴出一啖好大嘅氣。「係啦，呢排爲佢地兩個嘅嘢，煩到我瞓唔到，一瞓得差我就偏頭痛發作……」

在下從六歲開始偏頭痛發作，要長期去沙田威爾斯睇專科，甚至成爲香港第一個照磁力共振嘅兒童病人，所以講起偏頭痛呢方面，我絕對可以以專家身分自居。

本人以患者身分表示，偏頭痛一發作起上嚟的確好難忍，有部分 case 嚴重起上嚟會頭暈、作嘔、唔見得光、唔聽得聲、全身乏力、失去平衡等等，所以 Panadol 我都隨身携帶。而今次輪到客人需要，應該係第一次。

「明呀，我又係偏頭痛，所以要隨身有藥……睇嚟呢單嘢畀你好大壓力。」

佢搖搖頭。「都冇諗過會咁⋯⋯」

「其實阿伯友做乜會咁抗拒你女朋友？」

「唉⋯⋯早知就唔講畀佢知⋯⋯」

佢頭痛略減，塊面有返啲血色，但仍然係眉頭深鎖。「⋯⋯本來冇事冇幹，佢地兩個相處都係幾好，冇見過佢地有拗撬，已經開始傾幾時結婚。點知有一次，我女朋友講我知，佢細個嗰陣俾個變態佬非禮過，我以爲大家都係自己人，同阿媽傾開佢，就講出佢呢個遭遇，點知阿媽聽到我咁講面色都變埋，第二日仲叫我同佢分手⋯⋯」

「吓？做乜會咁？」

「阿媽話⋯⋯唉我都唔知點講好⋯⋯」睇佢神情就知佢實在難堪。「⋯⋯佢話⋯⋯呢個女人俾其他男人掂過，好污糟，唔要得。」

我非常驚訝。「鬍撚線⋯⋯唔撚係呀哇？咩年代呀家陣？咁好唔得喎！佢自己都係女人啦吓哇？」

佢連哭喪臉都出埋。「唉，我嬲到唔識講呀眞係。」

「但係你自己又點諗先？」

「正所謂手掌又係肉，手背又係肉，呢個係我老母，嗰個係我拍咗五年拖，啱啱談婚論嫁嘅女朋友，我眞係唔知點呀！」

「喂，家陣你唔可以唔做決定㗎喎，件事唔可以無限期拖落去，始終你都要解決，遲定早你都要處理，否則就兩邊都冇，你自己諗。」

佢猛拍自己額頭。「唉啊早知我就唔撚講啦！」

「有早知就冇乞兒啦！而家唔係叫你後悔呀，而係要你拆掂件事呀！」

「咁……阿媽唔接受我地兩個，咁點同佢結婚呢？」

「咁家陣個問題就去返你自己身上……結婚係你兩個人嘅事，你地兩個人先係主角，而家已經係廿一世紀，每個人都有婚姻自由，如果你阿媽出問題，其實你要決心結婚嘅話眞係可以無視佢㗎。」

「我唔得……」佢繼續講：「……冇父母祝福嘅婚姻，係唔會幸福㗎！」

聽到呢度，我眞係忍唔住屌佢。「咁你仲煩乜嘢呢？你咁聽你老母講咪飛咗佢囉，搵過個處女囉，去幼稚園……去埋產房搵啦，包保係一手新鮮乾淨，你老母就最高興嘞，咁你仲嚟搵我做乜唧？」

「但……我諗到，就唔使搵你啦。」

家陣輪到我有啲躁。「大佬呀，你唔可以將呢個波踢畀我㗎喎。你係男人，呢啲擔當明顯要自己硬食，幾惡哽都要吞咗佢㗎。」

佢飲啖水後繼續問：「咁……不如問你……如果換着係你的話，你點做好？」

「好簡單啫，頭先我都講咗，照樣同佢結婚，你唔好畀佢哋兩個再見面，即係話你要有自己嘅地方，唔可以三個人一齊住，大時大節亦唔使諗住老婆會跟你返阿媽度，因爲佢哋兩個見面必定出事，兩隻老虎會面的話六國大封相基本你要預咗，完。」

「咁……阿媽呢？」

「問題出喺佢度嘛，傾又傾唔掂咯，就唯有用物理方法隔離佢嘅唧係咪？你咪得閒有時間大時大節先自己返去老家做孝順仔囉，唔係你仲可以點呀？」

「即係……就咁放佢一個老人家喺屋企度呀？」

「你有錢咪請工人睇住佢囉！」

「我……就係冇。」

「呢啲就係代價……咁你要兩個都 keep 咁大愛咯，就係要咁㗎啦，可以用錢嚟解決嘅代價，已經唔算大問題，因爲錢可以再搵過。」

「即係都冇解決辦法……」

「有呀，只係個辦法唔係你接受到嗰個啫。」

「我……只係想對佢兩個都公平啫。」

「對兩個人最公平嘅結果就係：對自己唔公平。自己諗。」

「唔怪得外面啲人話你咁冷血無情。」

我雙手合什。「係呀，多謝先。話我冷血，倒不如話我係幫理不幫親。」

後來，佢眞係做出對兩個人最公平嘅方法：佢同女朋友分手，而同時搬出嚟自己一個人住，由得佢阿媽獨居；而對佢自己唔公平嘅係，佢因爲呢件事開始患上情緒甚至係精神問題，已經去到不能自理嘅程度，但佢堅拒返去阿媽度休養，因爲佢對佢阿媽當時個決定感到極度忿怒，但又爲咗「孝義」兩個字而無從發洩，所以選擇用呢個方法「報仇」。最後得知嘅消息係佢流落街頭做咗露宿者，之後就人間蒸發咗，冇再聯絡過佢。

喺【百利篇 · 廿九 · 要我收留佢嘅離家少女】出街後，引起咗唔少關於「處女情意結」嘅討論。直到而家呢刻，不論台灣定香港，好多人都嚴重低估「處女情意結」呢種思想，佢地好多人都以為呢個純粹係個人喜好同選擇，冇諗到呢種病毒思想係會毒害咗好多人而不自知，成為社會問題，甚至有機會反噬，自己成為咗受害者，甚至禍延子孫。

喺我接過嘅芸芸眾多 case 中，因為處女情意結而受到傷害嘅人講得上係不計其數，當中唔係只得女性受害，連男人都身陷其中，所以今次就寫一個相關嘅 case，希望藉此向大家引以為誡。

卅二 · 要我陪佢過平安夜嘅阿甜
續 流浪篇 • 廿一

「師傅……想請教你多少少嘢，希望你指點吓細佬。」一個望落廿二三歲嘅後生仔約我上嚟舖頭度開牌，個樣冇乜特別，正正常常咁，態度都尚算誠懇謙虛。

我將開出嚟嘅牌收返嚟，疊返做一疊。「指點唔講得，大家研究研究吓啦……」

「好……好。」

右手合指攤掌向天對住佢，示意佢發問。「……請講。」

「聽過個 friend 講，你食過好多女……」

聽到佢呢句，我嘅本能反應係即時挨後上半身。「哇……又唔好話邊個食邊個咁難聽。邊位老友亂咁講嘢呀？」

「佢話……佢上過你屋企同你瞓……」佢向我露出一個蠱惑樣。

「咦！講埋啲衰嘢眞係……」我捽捽額頭。「……又唔好講到食嚟食去咁，大家出嚟砌磋技藝，開心一下啫……其實係邊位小姐嚟㗎？」

佢面有難色。「唔……佢叫我唔好同妳講呀！」

「嗱！懶神秘咁！咁佢啲嘢有乜講得㗎？」

「唯一一樣講得嘅係佢係靚女囉。」

「你講完卽係冇講到，我眞係諗唔到有邊個唔係靚女喎。」

「咁你就當我冇講過啦吓。」

「得，但你岔開到咁鬼遠，最重要嘅 part 你都仲未講喎，究竟乜嘢事？」

「想請教一下，點樣食女？」

佢問得咁突然，同今日上嚟個目的都唔一致，我就不期然皺起眉頭。「點解要問我呢個咁嘅問題？」

「因爲……我單身咗好耐，佢又叫我向你請教……」講出呢句嘅陣，佢個表情尷尷尬尬咁。

「勉強嚟講，呢個尚算係一個理由嚟，但你唔好諗埋一邊先好冇？」

「咁都算諗埋一邊呀？」

「頭先我都講過，我唔鍾意講『邊個食邊個』，因爲咁樣講到對方好似係我嘅獵物，我就係掠食者咁，咁好唔尊重，事實上我同對方都係公平嘅……」

「卽係……點呀？」

「首先，要做一個好人。」

「咪玩啦，我仲做得唔夠多咩，咪俾人當傻仔咁玩法囉……」佢開始露出唔太高興嘅表情。

我挺直個身。「問題係……你認爲乜嘢叫『好人』？點先算係一個『好人』？」

「……」佢諗咗成分鐘，仍然保持住 hang 機狀態。可以咁講，好多人都冇真正諗過呢個睇落咁簡單嘅問題。

「不如簡單啲，你做過啲乜嘢，令到你俾人當傻仔咁玩法？」

諗咗一陣，佢終於出到聲：「不外乎咪洗錢喺佢身上，然後佢當我水魚咁撳，撳完就失蹤或者跟咗第二個囉。」

「喂，家陣你想食女，啲女就自然想食咗你隻車喋啦，好公平啫係咪？代價嚟喋嘛！」

「咁……即係點呀？」

「咪就係話『食女』呢個態度根本就錯囉。你攞人着數，相對嚟講人哋要你嘅着數都好合理，但係你又畀唔起個相應嘅價值囉咯，就話人當水魚咁撳你，男人老狗咁諗嘢法好唔得喎。」

佢兩手一攤，露出一個無奈表情。「你講完一堆嘢，我更加迷惘。」

「做『好人』嘅重點係『對等』。頭先我已經講過不只一次，唔好用『食女』呢個想法就係咁嘅原因；第二係適當嘅表示同付出……」

「咁點先爲止『適當』？」

「一、你負擔得起，唔係勉強或者要問人借先搞得掂嘅；二、都係講緊『對等』，你想爲佢付出，但有冇問過佢想唔想你爲佢付出？」

「唉，好攰……我只係想食女啫，點解搞到咁複雜，仲慘過讀書？」

「一半都未講到就呻複雜辛苦呀？關於任何情慾嘅事都係麻煩過讀書喋啦，呢啲嘢係關係到你同對方兩個人嘅事，最少有一半嘅嘢你控制唔來，而讀書只係你一個人嘅事，咁就當然難搞過讀書啦。」

佢舉起雙手對住我講：「唉，算，我投降，唔玩。」

「後生仔始終係後生仔，都係冇耐性嘅。」

「我明係要耐性呀，但要搞咁耐眞係唔得囉。」

我望住佢搖搖頭。「你要快的話，咁不如正正經經叫雞算啦！磅水就已經解決晒之前所有難題，然後一步到位，簡單得多呀，唔使煩中間過程丫啦係咪先？」

「但……叫雞又唔係嗰樣嘢嚟……」

「你要嗰樣嘢，係要付出好多，最少係你家陣覺得唔值得落去，咁卽係冇囉。」

「唔怪得佢話你咁好耐性咁忍得……」

反而家陣到我冇耐性，因爲眞係想知介紹佢嚟嗰位係何方神聖。「究竟係邊個呀？神神秘秘咁，講啦！」

「佢唔我講呀，佢話叫我考你仲記唔記得佢呀。」

「喂，咁你都要啲 hints 我先有得估㗎？乜都冇我鬼知邊個呀？」

「有，佢話個 hint 係……『LOVE 先生』……其實我完全唔知佢噏緊乜。」

我一聽到呢個提示，卽時爆笑。「哇哈哈哈哈，頂，乜係佢呀？？？」
「佢仲話，如果知邊個的話就好搵佢。」

「請你代我同佢講，聖誕前一定約佢，放心。」

「其實，佢係我契家姐。」

我驚訝。「竟然！咁佢有冇講過佢喺我度瞓嗰晚嘅事？」

「佢只係話你屋企好多玩具好細孥仔，仲好斯文……不過你個樣完全唔似佢所講。」我聽到有啲愕然，因為冇諗過阿甜會記得我呢個人，仲講到啲細節位出嚟。

「咁都唔怕講埋嘞……」我拉一拉張櫈，坐返直個身。「……當晚你契姐真係喺我度瞓，但我地冇搞過㗎，講明先呀。」

「吓？咁都得？你係咪㗎？」佢斜眼望啤住我，個樣顯得有啲懷疑。「……但係佢好似好冧你咁喎，佢叫我一定要搵你，仲以為你點樣搞到契姐有幾爽皮添。」

「詳細嘅唔講咁多嘞，你自己問返佢本人啦，睇吓佢肯答幾多，但起碼你會知道叫你搵我個原因……總之下個月我得閒就會搵佢。」

因為呢個十一月我都幾頻撲，連自己唞都冇時間，更何況去見人，所以我都要拖多成三個禮拜先打阿甜。

「哇，竟然係你。」

「妳明顯掛住我啦。」

「哼！冇喎，唔好亂諗嘢。」

「妳叫妳契細佬嚟搵我，仲唔算呀？」

「咁係咪畀生意你做都唔鍾意丫？」

「又唔會……多謝妳都嚟唔切啦係咪？不過佢都冇咩耐性嘅，講乜佢都入唔到腦。」

「佢呀，正一仆街仔嚟，已經話過佢好多次，佢唔聽你講就算。」

「咁……妳呢排點？又話得閒就約我食飯嘅？」

「我怕你唔記得咗我咋，你咁多女，點會記得我呢啲小人物丫。」

「乜咁講呀，我點會唔記得妳唧阿甜姐！」

「哈哈！好彩你仍然記得我個名，否則你真係唔使旨意再見到我嘞。」

「咁幾時先約到妳食飯先？」

「廿四號晚。」

「平……平安夜喎？」

「我話得就得。係咪輪到你唔得先？」

「點會唔得？單身梗得閒㗎喎。」

「講明先，今餐我請，你唔准同我爭，當晚八點鐘尖沙咀 Aqua 樓下見。」

「好喔，多謝先，到時見。」
好約唔約，約我平安夜出嚟食飯？好難覺得佢冇嘢喎。唔理咁多啦，佢約得我，當然欣然赴會。

當然，後生細仔，平安夜有人約，感覺上總比同埋班毒撚約埋喺尖東海傍，戇居居咁一邊拎住枝啤酒養魚一邊蕩嚟蕩去，然後坐喺文化中心斜梯級食一晚西北風聽住個傻佬彈結他優勝得多，更何況約我嘅阿甜仲係靚女，咁有乜唔好丫？

當晚執正衣襟，噴埋 Loewe Solo 先出門口。早幾分鐘就到咗北京道一號樓下，阿甜已經比我早到咗。

「好少女仔唔遲到喎。」

佢小跳步咁走過嚟，然後攬住我條腰。「你仲以爲我十八廿二呀？你唔記得我同你同年㗎？」

「唉呀，妳今日青春成咁，我仲以爲妳細我一圈生肖年添！阿甜妹！」

佢一身性感打扮，小羊皮短褸加熱褲，襯上黑色大眼魚網絲襪，聖誕紅 tube top 凸顯佢嘅豐滿身材，本身佢個樣已經夠細個，而家着成咁話佢廿歲頭都唔算過份。

「咦！口花花，同上次喺 Dragon-i 一鬼樣嘅你！」佢把口係嫌棄，但係笑住嚟對住我講。咁呢啲說話，基本上係女人都啱聽嘅。

「係咪而家上得去㗎？」

「梗係啦，夠鐘㗎啦。」阿甜一下就拖住我隻手就行，毫不避忌。

「我姓龍，兩位。」

「Merry Christmas，妳好龍小姐，同妳留咗位㗎啦，請跟我嚟。」Waitress 一邊帶位一邊對阿甜講：「有一輪都冇見妳嚟啦喎。」

「係呀，今晚得閒就約朋友上嚟食飯。」阿甜望過嚟我呢邊。

「多謝你哋先，祝你哋聖誕快樂。」Waitress 帶我嚟到對正維港景嘅窗口位，睇嚟阿甜呢位熟客眞係唔簡單。

張枱係圓形，個設計係爲咗兩個位都可以睇到個 view，所以唔係打對面，而係 V 字形，前面仲有個 key candle。

出得嚟趁，唔好失禮人，先幫女伴拉櫈呢啲基本動作係重要嘅。

佢坐落嚟。「哇！我都唔知幾耐未俾人幫過我拉櫈。」

「呢啲擺門嘢，總要做㗎喎。」我雙手輕輕揸佢兩邊膊頭。

佢擰個頭過嚟溫柔咁笑咗一笑。「啊！我已經 n 年冇見過囉。」

個聖誕 set dinner 基本上都定咗，所以唔使爲點菜而頭痛，只係點埋個 drink，waitress 就自行離開。

我哋同時望住個景，阿甜又主動拖住我隻手，同上次喺蘭桂坊一樣。

「喂。」

「點呢小姐？」

「你嗰四個『娘親』呢？呢排仲有冇落 Dragon-i 度玩？」

「冇啦！佢哋有啲就瘟仔，有啲就開工，有啲就玩失蹤，齊人見到面都眞係有啲難度囉。」

「我仲以爲你哋成日聯絡添。」

「有嘅，係少囉……咁……可唔可以輪到我問妳個問題？」

「嗯，點呢？」

「點解……妳會約我今晚同妳過平安夜嘅？」我雙眼緊緊望住佢。

阿甜並冇逃避我嘅目光，露出一下苦笑。「我知你想問我乜嘢，不過……今晚唔好講佢呢個人，好冇先？」

「當然得，妳點話點好。」

「過咗今晚，我再講。」

「又好。」

Aqua 啲菜色的確係一流之列，尤其個火雞真係幾出色，我幾鍾意個 sauce 同火雞醬，但喺呢個 moment，食嘅嘢已經唔再係重點。

呢一餐嘅時間裏面，我同佢傾到天南地北，佢契細佬、客人、旅遊、夜生活、工作等等，當然包括我同佢各自嘅感情史同憾事，係偏偏冇提過佢唔知仲係咪一齊嘅所謂另一半，當然我都遵從佢嘅意願，冇要求佢透露關於佢嘅婚姻狀況。

到十二點，正式踏入聖誕節。

「Merry Christmas.」阿甜喺我完全冇預料嘅情況下，突然間就咀咗過嚟。

出嚟玩得多都會明白 social kiss 係好普遍嘅事，只係我冇諗過佢咁突然，令我有啲錯愕。「You too sweetie.」

「今晚有人陪我過聖誕節眞係好開心，所以你唔好同我爭錢嘞。」佢向住 waitress，用食指指住餐枱打圈，同時喺手袋拎定張 credit card 出嚟。

「吓？」

「係呀，今晚唔你，因爲之後我仲想同你食飯，到時先你請，我要你繼續欠住我嘅。」Waitress 遞個 bill folder 過嚟，佢毫不猶疑就將張卡攝入去然後遞返過去。

阿甜呢個講法，好明顯對我嘅 index of interest 係偏高嘅。「丫小姐乜妳咁都得㗎？」

「呵呵，點解唔得呀？」佢諗咗一陣接住再講：「……咁當然有代價啦。」

「哇妳咁講我好驚喎。咩代價先？」

「你一定做得到嘅……」阿甜對我露出一個蠱惑嘅樣出嚟。「第一、陪我去尖東睇燈飾丫。」

「哇，有第一，卽係有第二啦嗬？」

「你眞係聰明嘅喞！一陣先講第二係乜呀吓。」

「古古怪怪咁嘅，妳搞到我好驚喎！」

「你會驚？搵鬼信呀！行啦！」佢笑住接過 credit card 後，撟住我手臂行去藝術中心海傍，慢慢行去尖東方向。

記得嗰陣維港兩岸嘅燈飾其實都偏弱，已經少咗二千年頭嗰啲跑馬燈，好大部分已經改做唔識郁嘅定格，唔少圖案同花款都簡單咗好多，明顯就係 budget 削減，只做門面功夫，有少少嘢睇交到貨過到骨就算嗰種。

「小姐，已經到咗第二日啦喎。」我指住手提電話顯示嘅電子鐘。

「係喎，終於講得……」阿甜望住隻錶，呼出一口好長嘅氣。「……本來呢，今晚呢餐係我約佢嘅。到一個禮拜前，佢同我講因爲做嘢去唔到……」

「佢忙成咁？佢做乜㗎？」

「關乜嘢事丫，佢三年都冇去到呀。」

「即係佢根本冇心同妳去。」

阿甜搖搖頭。「我有諗過，今晚如果佢有同我講 merry christmas 嘅話，我都可以當佢眞係忙，但……佢連 SMS 都冇 send 一個，都唔好話打電話嚟喇……」

「咁而家妳點打算？」

「過咗十二點呢刻，我同佢就咁算㗎啦，唔係點呀？」

「咁所以今晚妳就搵我嚟攞呀？」

阿甜叉起條腰扮惡。「咁係咪唔高興丫你？」

「唔係……傻啦，點會呢？不知幾咁高興啦！」

「係咪㗎？好少男人咁大方㗎喎。」

「喂，識得玩，其實做人後備先最好玩，做後備有做後備嘅價值，坐正實在太辛苦嘞。妳自己都受緊呢啲苦啦係咪先？」

「唉，眞係好辛苦……第二，同我開牌丫。」

「乜妳個第二嗌得咁轉折咁突然嘅？妳知我一定有牌喺身㗎？」

「唏，你點會冇？」佢拍一拍我褲袋。

於是我拎出副「搵食㗎生」，同佢坐喺海傍邊嘅石櫈，吹住海風嚟開牌。

「妳要問乜先？」我講完呢句，就開始洗牌。

「今次問題好簡單，我想問……下年同我過平安夜嘅人仲會唔會係佢？」

「妳……唉……」

呢個問題，其實都有啲多餘，亦都唔應該問，而家同佢開牌只能算係順佢個意。「……算，抽一隻吧。」

倒聖杯 Ace

「算啦，妳仲勉強落去做乜？下年妳應該照樣有 plan 定，佢亦都冇講實去定唔去，最後佢又推多次囉，咁又有乜爲呢？」

「我……過得今晚就眞係算㗎啦，連牌都咁講就眞係完㗎啦，過幾日搞埋啲手續佢。」

「對方 deadline 好重要，自己 deadline 更加重要。妳而家就咗自己 deadline，咁就要實行落去。」

突然，阿甜攬住咗我幾分鐘完全唔郁，沉默不語。

冇幾耐，佢喺我耳邊講：「第三，最後一個，今晚我上你度瞓丫。」

隔咗幾星期後，阿甜個契細佬又嚟搵我，帶個朋友嚟搵我開牌。佢劈頭第一句就同我講：「平安夜嗰晚，你約咗我契姐出去喎！」

「係佢約我至真，我都冇諗過佢會揀呢晚約我出嚟嘅。」

「嗰晚我 send 咗成晚 message 佢佢都冇覆。正所謂『平安夜，失身夜』，咁你同佢咪……」佢露出一個奸狡嘅樣出嚟。

「唏，你自己問佢本人，我唔答呀。」

「嘿嘿……總之佢就讚到你天上有地下冇咁滯啦。」

「黐線嘅，佢又咁誇張，講埋呢啲衰嘢……」我繼續向佢解釋：「……其實只係一個此消彼長嘅錯覺，佢放唔低妳契姐夫嘅話，任何男人對佢好啲啲咁多佢都會覺得已經好好。」

當晚阿甜的確係上咗我度瞓，但亦都同第一次一樣，同樣係冇事發生。當我睇到「**倒金幣 Ace**」呢張牌嘅時候，就知佢仍然想爲佢所謂另一半做啲嘢，希望有最後嘅機會挽救關係，咁代表住佢仍然未放低。佢照樣對我有嗰種「要求」，我照樣拒絕咗佢，因爲我唔希望佢後悔。

當然，阿甜亦同樣要求我攬住佢瞓，咁呢樣我照做嘅。

「契姐份人好鬼奄尖，好少讚人，咁耐只聽過佢讚兩個人，第一個讚嘅係佢而家個老公……」

「所以，佢都有睇錯人嘅時候，可能連我睇錯埋，絕對唔出奇呢。」

卅三 · 唔生性嘅未婚媽媽（下）

續百利篇 • 二

都隔咗好多年，我已經對呢條女冇咗印象咁滯。

嗰陣已經冇再喺百利開舖，已經轉型喺 cafe 同客開牌。好多時開完牌諗唔到食乜，都會不知不覺行落廟街食飯，然後行去佐敦道搭巴士或者小巴返屋企。呢種生活方式對我嚟講係十分正常，始終習慣咗之前廟街擺檔嘅生活，廟街講得上係我半個屋企咁滯，完全唔算得誇張。

有一晚大概十二點幾近一點，同上面所講一樣，食完飯經過上海街行去佐敦道。呢啲時間冇嘢多，最多就係「企街」，有個舊式啲嘅講法，叫「流鶯」。

呢啲都見慣見熟，有啲喺度企得咁上下日子嘅「阿姐」，基本上我都認得出，因爲每隔兩三日都會路經一次，我又唔會幫襯，佢地見到我都自動收口，係啲新嚟嘅「七日鮮」同「賓印泰越」嗰邊嘅東南亞人先會主動撩我幫襯。當然，無論係邊邊結果都係一樣，佢地同樣唔會有機會喺我身上賺到一分一毫。

行經上海街時，通常我都係行左邊，今次唔知做乜心血來潮，試吓行右邊，於是就橫過馬路，然後繼續向佐敦道方向行。

行咗兩步，見到有個「企企」喺一幢大廈嘅閘口用純正廣東話對我講：「靚仔試吓啦，平畀你喎。」

我自動揮手拒絕，呢個動作已成爲神經反射，但呢把聲偏偏聽落就係好熟，不期然就擰向佢個方向望咗一眼。

佢再對我講：「喂。」

呢把聲……我覺得以前有聽過。我定一定神，對眼 focus 落佢身上，佢應該係認識嘅人，但個腦完全 match 唔返呢把聲音嘅主人……

佢再講：「十三哥，唔認得我呀？」

一個我估唔到年齡嘅樣貌同軀體，兩隻眼嘅眼袋係深啡色，佢仍然維持住大圓領背心同牛仔熱褲嘅火辣裝扮，但已經再唔適合佢嘅尊容，連心口嘅紋身都有啲變形同化開……

「吓？係……妳？」

我對佢而家要走到呢一步並唔意外，只係覺得非常可惜。

「係呀！喺度租咗個房開工。有冇時間呀？上嚟坐陣吹兩句丫。」

本來我想走咗去就算，但又好好奇佢呢幾年日子係點過，於是我向佢點頭，就跟咗佢上樓。

睇外觀仲以爲呢幢係唐樓，原來唔係。上樓梯上咗成十幾級先望到有電梯，入𨋢後佢撳到最高嗰層。

𨋢裏面好細，最多只企到四個人。光管燈雖然長着，但係嗰種慘白嘅光線，搞到周身唔舒服。

我不期然偷望咗佢一眼。

其實唔到我唔咁做，因爲成程𨋢佢一粒聲都冇出過，連試圖緩和當時雙方沉默而尷尬嘅廢話都冇講過半句。見到佢對發黑嘅眼圈毫無生氣，幾年前嘅串串貢但尚算嫩口嘅少女氣息蕩然無存；而而家聽到嘅，就只得升降機上升嗰陣空氣流動嘅 we we 聲同埋自己嘅呼吸聲。

到咗最高一層，出閘後行到走廊盡頭嘅一間房，大閘旁邊有嚐薑同碌柚，係好典型「一樓一」同「神房」嘅「擺設」，相傳係用嚟招客同辟邪嘅厭勝物。佢主動上前開門。

「坐嗰邊，入去丫。」佢指向左邊嘅房，中間同右邊嘅房門都閂埋咗；整個單位氣氛幽暗，開着嘅就只有微黃嘅牆燈，我理解呢個情況，始終做呢行都唔想「見光死」，就要 tune 到唔光唔暗咁，減少俾客彈鐘嘅可能。

「妳……有姊妹㗎？」我指向其餘兩房。

「之前就有個嘅，一個月前 OD 咗走埋就要我一個食晒全份租，所以要搞到落埋去企曬，頂佢。」

「有喺 141、161、168 落廣告咩？」呢三個號碼係當年召妓服務嘅廣告網頁代號，好多好色之徒要尋花問柳都要靠呢啲網頁引圖索驥。

「有呀，少囉，唔俾錢會冇人同你寫『包膠』做靚評分，好撚賤格，淨係識收錢。」佢開始點煙，手勢比之前更加熟練。

呢個房一樣係咁陰暗，應該係用嚟「辦公」用嘅，因爲睇到埋牆嘅床邊有一堆 KY 同 condom 紙巾嘅消耗品。

我當然坐喺床邊嘅櫈度，佢就坐喺床上……坐床嘅一個隱藏意思係「我係恩客」，當然要識得避免呢個誤會。

「呢幾年點？」

「咪……又係咁。」佢大扯一口，枝煙已經冇咗四分之一。

「做乜搞到連街都要企埋？」

「我唔做呢啲可以做得咩？」

「咁妳之前做援交都搵唔到咩？點都有返頭客㗎嘛。」

「冇啦，邊得咁多熟客丫？咁多後生女入呢行，成日有新貨到，你地啲男人出完嘢當刻就唔記得咗我啦，何來會念舊得㗎？」

我開始入正題……倒不如話係我想知嘅重點。「之前對孖仔點樣？」

佢皺起眉頭，諗咗一陣先講：「咩……孖仔？」

我指住自己領口位講：「上次妳畀我睇嗰對呀。」

「呀……嗰 pair……」佢個腦空轉咗幾秒先 load 得返出嚟。「……上次見你之後冇耐送返畀阿贊啦，唔係好夠力嘅。」

我諗諗吓，發覺頭先佢講嗰句好唔妥，所以追問落去：「乜妳有好多 pair 咩？」

「冇啦，之後嗰 pair 都畀咗阿贊，自己冇 keep 到呀。」

我聽到呢度，額頭嘅「火車軌」即時現晒出嚟。「即係……之後仲有？仲要又係起孖？」

「係呀，我都唔知邊得咁多嚟。」我心諗，佢前世係咪鬼子母神嚟㗎？

「咁……妳叫我上嚟做乜？」

佢對眼向上飄，又諗咗陣先繼續講：「咁耐冇見吹吓水啫，得唔得先？」

呢啲小動作，好可能代表住佢根本唔係講事實。「……不過……都想問吓你……」

「問乜呀？」

「之前見你兩次都冇試過，不如……試吓丫，收平你，包你舒服。」佢一邊講，一邊拉低領口，無以名狀嘅紋身同走樣變形嘅一對擺埋嚟畀我睇。

都估到佢會嚟呢招。我推佢雙臂，對佢露出一個無奈嘅表情，然後講一個大話嚟敷衍佢：「妳第一次搵我唔叫我嘅？嗰陣百利隔籬已經有維記有百佳啦，而家咪嘞。」

「嗰陣我點知你要唧！唉！」

「冇啦，妳錯過咗啦，而家食唔落。」我手掌向前攤開，左右揮動。

事實上佢而家呢副咁嚇人嘅尊容，加上佢對人嘅態度，我完全明白點解佢會冇返頭客。衰少少講句，做雞都要有返啲職業道德丫。

「屌……」佢突然轉話題：「……終於記得有乜要問你嘞。」

我有不祥之兆。以佢一向嘅性格，大概都係會重覆做返之前相同嘅事。

「咩？」

「出嚟丫……我覺得對你嚟講係好小事。」

行出房門，佢隨卽打開中間嘅房門。如果講黑的話，呢間房直頭係冇燈，僅餘照明嘅係房中幾盞蠟燭台。

「哇，乜妳越搞越大壇嘢呀？」

一入到去，有座泰式神壇喺我眼前出現。佢唔同中式神樓咁只係垂直一層得一個「單位」咁，係闊落得多，個樣似 display 貨物嘅層架，每層可以放到三個神像，細嘅甚至放到四五個，層數可能有四層或以上，上面放咗好多大大細細嘅神像，有啲係畫像同相片，更有一大堆嘅係叫唔出名古怪形象嘅佛牌。雖然好似好大堆頭，實際上呢個壇又唔算得上大，只係中式嘅神樓兩倍闊咁上下，何況呢個房根本就唔夠位擠得落更大嘅神壇。

雙眼逐漸適應黑暗，開始睇得清神壇最底嗰行放嘅嘢……有所謂「山精」張牙舞爪嘅乾屍、其他用油浸住嘅不明動物屍體、一塊塊圓形寫滿咒語嘅白色頭蓋骨「賓靈」都冇乜好講，因爲唔特別，最特別係有一個手掌唔連手指咁大嘅牌，裏面同樣都係有橙色液浸住；而裏面裝住嘅，開頭以爲係我唔認識嘅生物……

佢見到我留意緊，佢索性拎起用手掌捧住。「係咪覺得呢個好勁呢？我而家只 keep 返呢個咋！」

佢遞咗畀我，我先睇得清楚……寫滿晒咒語同貼金箔嘅人類胚胎就梗㗎啦，最最最恐怖嘅係佢只係得一隻眼，生喺塊面嘅正中央，有一條好似象鼻嘅器官喺隻眼正上方生出嚟，而兩隻細耳仔就生咗兩邊腮位度。呢個好明顯係獨眼畸形嘅人胎。

「呢個……又係妳㗎？」

「係呀！阿贊話呢啲獨眼好稀有，仲特別勁，叫我自己 keep 返嚟養。」佢嘅語氣，同當年一樣死不悔改，毫無改善。

我拍拍自己後腦。「妳知唔知 cyclopia 嘅成因，好多時都係阿媽 high 嘢同酗酒做成㗎？」

「啤，我又唔係成日 high 成日飲，關乜嘢事啷？」佢再一次突然扭轉話題。「……阿贊話佢因爲一定出唔到世，所以怨念會好強，咁就好夠力，但佢嘅智慧又唔高，所以容易控制得多，每日早晚各唸一次控靈咒就夠，會好聽話……」

「其實……」我遞返個牌畀佢。「……呢幾年妳有冇真係好過？有冇諗過點解自己咁多年都係咁？甚至而家要走到呢步？」

「如果我冇呢啲嘅話，可能會仲衰都唔定呀。」

「淨係妳面前個壇呢堆嘢嘅供金，其實已經足夠令妳可以離開呢個圈子……咁妳仲要求啲乜嘢呢？妳唔係冇，妳只係貪，連出唔到世嘅仔女妳都不斷利用同剝削。」

「你理撚得我點樣使錢丫！我總有辦法，家陣又唔係同你乞！」

「但……妳頭先同我摣生意喎。」

去到呢個位，我都唔知點樣再同佢傾。價值觀唔一樣都仲係小事，但係已經去到關乎自己骨肉嘅生命同靈魂的話，我冇可能再接納到佢呢啲歪理。既然去到鬧同拗都嘥氣嘅地步，已經再傾唔到落去的話，不如就直接離開。

出門口嗰刻，我喺銀包拎咗三舊水畀佢。

「做乜？」

「均真啲好，我上咗嚟廿分鐘，就當我幫襯咗妳一次。」

我直接出門離開。

之後路經上海街，我再冇行過右邊。有陣時會喺左邊望返過嗰邊，但都見唔到佢企喺度，可能我見到但係認佢唔出都唔出奇。

正所謂「路就自己揀，仆街唔好喊」，明明好多冇咁差嘅路可以行，佢偏偏要揀條最差嘅路，仲要天生條件都唔曳嘅時候，我只能夠講呢啲係業報，外人想幫都幫唔嚟。

廟街篇

卅二 · 對「專業」理解錯誤嘅護士小姐

啱啱擺好個架步啲枱櫈，已經有位小姐喺馬路中間望望吓，我再鋪好塊「星閃閃枱布」出嚟嘅時候，佢就行過嚟。

「你……係十三呀可？」

「妳好，有乜幫到妳？」我一邊講，一邊示意佢坐低。

「我想問……」佢一邊指向其他地方一邊講：「……呢啲你哋擺檔嘅師傅係咪專業嚟？」

我聽到一頭霧水：「唔……明，妳再講一次。」

「我話……你哋係咪專業嚟？」

佢提出一個我極度討厭嘅詞語。

「請妳先 define『專業』呢個詞語嘅意思，否則討論唔到落去。」

佢 hang 咗機。

小姐呢個反應非常合理亦十分常見。香港極多極多極多人（嚴重嘅嘢要講三次先顯得個程度有幾咁嚴重同離譜）好鍾意講好多自以為自己明白，其實係對佢一無所知嘅詞語，畀人擢多兩擢就無言以對，成件企咗喺度。「專業」一詞係衆多呢類詞語當中其中一個。

佢諗咗十秒，先勉強諗到少少嘢出嚟應付我嘅提問。「全職做呢個。」

「嗱，全職還全職，專業就還專業，兩件事嚟㗎喎。呢度一大堆師傅包括我，日頭都有工返嘅，大家都係收咗工先走過嚟開檔，咁妳覺得我哋係乜？」

「如果你哋都唔係全職做呢個的話，咁就梗係唔算專業啦！」

小姐語氣中有睇唔起嘅味道，但係佢遇着我就算係佢唔好彩，有排辛苦嘞。

我拉一拉張櫈，開始認真起嚟。「小姐，不如我先問閣下做盛行？」

「護士。」

「全職嘅護士係咪？」

小姐點頭。「係，私人診所嘅護士。」

「除此以外，妳有冇其他嘅搵錢嘅途徑？任何方法都得，例如 part time job 或投資活動等等。」

佢對眼珠向上望咗半秒，然後再答我：「我……有買股票嘅，少少地玩吓嘅啫。」

佢咁講就中招嘞。「有就得……換言之，妳份護士嘅工作唔係專業，可唔可以咁講？」

小姐嘅語氣突然激動起上嚟。「喂，護士都唔叫做專業呀？咁乜嘢叫專業呀？」

我指住佢講：「又係妳話『全職做呢個』，又係妳話自己有買股票嘅……呢堆資料係妳自己講嘅，冇錯喎。」

「咁家陣我唔係咩？」

「咁當然唔係啦，否則妳點樣解釋妳會有投資嘅盈利？呢啲唔係工作所得㗎？」

小姐深深不忿。「買股票點算係工作呀？」

「咁唔少人日日對住部股票機十幾個鐘撳咁撳，好多連美股都要睇埋，佢地都要利用知識同經驗分析股市走勢，咁呢啲就唔算係佢嘅工作呀？」

「咁我呢啲買少少啫，點同佢地比呀？」

「佢哋同妳嘅分別只係所用嘅時間多定少，性質係完全一樣，呢樣妳冇得推卻嘅……即係話，妳買股票，都係屬於妳其中一份工作；亦即係話，妳擔任護士呢份工作，就因爲妳有買股票獲利而變得唔專業，呢點唔係我屈妳㗎，係妳頭先自己親口講嘅。」

小姐開始諗唔掂。「咁……又代表乜？」

「代表住妳最初所講嘅『全職做呢個』根本就唔合理……即係我要爲咗符合妳所講嘅『專業形象』，就算日頭幾咁得閒幾多時間剩幾咁無聊都好，我可以用嚟瞓覺，可以用嚟玩樂，可以用其他形式浪費咗佢，但就一定唔可以用嚟搵錢，否則就會令我占卜師呢個職業變成『唔專業』，就算我只係搵得一毫子都一樣。咁妳嘅『唔專業』又同我嘅『唔專業』又有乜嘢分別呢？妳諗吓咁樣眞係合理合乎邏輯？妳不如再諗眞啲？」

「……」

護士小姐再一次hang機。好正常嘅反應嚟丫，因爲佢根本亂嚟一通，鸚鵡學舌人講乜佢講乜，完全冇理解清楚自己問緊乜。

「唔，係人問我『係咪專業』呢個問題，我一概都係答『我唔專業㗎！』。我就唔等錢使嘅，亦唔爭在妳嗰一單半單生意，妳自己企埋一邊考慮清楚，免得我好似昆妳落疊咁……」我指一指後面開始排隊嘅人繼續講：「……妳唔幫襯的話，之後仲有客等，不如妳再度度先丫好嘛？」

小姐好唔忿氣，但又反駁唔到我嘅疑問。佢企返出馬路，讓後面嚟嘅客坐低。後來都冇再理到佢嘞，我服侍眼前呢枱客緊要啲，之後都唔知佢幾時走咗去。

我成日都同人講，我係經常倒自己米，又鍾意浪費時間同人討論，尤其係明明唔合理嘅事，我係唔會屈就自己去做。正所謂「泥水佬開門口」，過得人過得自己，如果連自己嗰關都過唔到的話，其實係對唔住自己。

「專業」一詞並冇任何標準嘅定義。只能夠講，喺香港最少有四種職業「四師」（醫師、律師、會計師、建築師）係唔能夠胡亂自稱，否則係違法，呢個可以算係香港政府法例下定義嘅「專業」；亦有唔同人講過自己對「專業」嘅見解，google 一下或者睇維基百科就搵到一堆；當中更有人講過「專業」係指工作嘅態度，而家一百個人就有一百個標準走出嚟，咁即係毫無標準定義囉。

有人提出每個行業都應該有唔同嘅標準，我對呢個講法係有好大疑問嘅，主要原因係我會質疑個標準從何而來？邊個去決定呢個定義？個定義咁唔確切的話我跟邊一套先好？定係我自己下一個定義叫人跟我嗰套？呢啲咁唔實在嘅講法太過唯心同人治，唔同人有唔同講法的話，我個人嚟講不如冇好過有嘞，除非處身相同行業嘅從業者組織一個類似工會嘅團體去商討「專業」嘅資格同標準框架，然後商討考核同評級嘅機制令業界人士獲得評級，咁先開始勉強有得討論落去，但都要睇個組織嘅規模、年資同成員等等。

在我自己嚟講，「專業」只係一個用嚟令外行人以爲自己好勁好厲害嘅宣傳口號，甚至嗰張所謂「專業資格」嘅「沙紙」只係出嚟搵食見人先會用到，因爲呢咁多年來，見過好多人考獲某種認證資格，實際根本冇能力做相關嘅技能，呢種人絕對爲數不少，俗稱「呃飯食」。

在下係唔相信甚至討厭呢種容易畀懷有私心或爲圖個人利益嘅人利用嘅評核制度，你真係夠料而有需要嘅就放啲出嚟開吓小弟眼界，而唔係喺檔口貼張所謂「專業證書」過膠彩色影印本，向外周圍宣傳「我係專業嘅 XX 師」，仲要加埋同啲明星名人嘅合照。大佬呀，咁樣 sell 客法真係好 cheap 好肉酸兼透露客人私隱呀。基於「專業」呢個 term 已經畀各式各樣嘅壞人玩到爛搞到臭兼水份極多，所以本人先至會咁厭惡同不屑。

順帶都講一講呢一行嘅「發牌制度」。一單應該至少有三十年歷史嘅新聞：有客人因爲睇相定算命後個結果令佢情緒非常焦慮，繼而自殺。後來某位議員提出政府向香港玄學界發牌嘅建議，玄學從業員做生意搵食前一定要先向政府考獲牌照咁講。

當然，最後都係冇咗件事不了了之啦，根本就冇可能做一個標準出嚟去評核世界上咁多瓣玄學，否則就會搞到好似某個國家嘅「武術段位制」咁，一大堆完全唔啦更嘅武術，甚至只係「類武術」嘅運動從業員都可以考呢啲段位，更離譜係嗰幾個考官根本冇可能學過咁多種類嘅武術，咁佢邊度有資格同能力去做評級？同頭先所講嘅「向玄學從業員發牌」根本就同一層次嘅問題，係冇可能用一個制度一個標準一致咁量化。

講咗咁多，其實都只係想同大家講「唔好見人哋自稱『專業』就乜都唔理舂個頭埋去」，乜嘢範疇都係一樣。經常標榜自己「專業」嘅人好大部份都係騙子，尤其係玄學命理呢一瓣，見住一班傻仔送頭兼交智商稅，然後就不斷同人呻自己畀人搵佐笨，年中呢啲 case 認眞多不勝數，後悔都嚟唔切，而聲稱自己「專業」都只係佢哋其中一種引人入局嘅方法。

喺搵資料期間，無意之間撈到一篇關於呢個題目嘅 2021 年新聞，各位有時間的話請 google 返嚟參考一下，你哋就會更明白呢類所謂資格係幾咁容易畀神棍利用。個標題係：「32 歲女『算命師』涉虛報獲政府認證　每小時收 1600 元　被海關拘捕」。

到最後想講嘅係，早排我先喺公司群組裏面，大鬧同事同老細胡亂用「專業」呢個詞語向外標榜公司有幾咁厲害，我要佢哋即時停止呢種宣方法，因爲當一有意外嘅時候，外人只會捉住你呢點嚟抽秤，到時成檔嘢就團滅，以後都唔好諗住再做呢行，家陣佢哋所有人都好驚我，都唔係太敢同我講嘢。

冇辦法，是其是，非其非，我眞係過唔到自己嗰關。有啲嘢明明唔係，你爲咗生意就用呢類詞語去推高自己，遲早一劑係推落深淵，冇人會可憐你。

卅三 · 找我晦氣嘅神棍

「喂，你都好撚寸喎。」

我啱啱企起身，擰轉頭打算執嘢收檔嘅一刻，突然有條友就喺我張枱面前出現，仲要啲語氣好乞人憎。

「吓？」事發太過突然，擰返轉頭睇睇係何方神聖。

「吓咩呀？」佢嘅語氣好似撩交噏咁。

當時我心諗「又嚟？唔好啦啩……」，我究竟前世做過乜嘢事，先會喺今世成日惹到麻煩？「老友，不如你講清楚乜事先再嘈啦好嘛？」

我放低手上嘅嘢，再次坐低對住佢。

佢身材瘦削，唔算高大，體格一般，雙眼發黃，皮膚黑得嚟帶灰，好似啲農夫因為喺太陽下長期暴曬而得嚟嘅滿面皺紋，望落年紀大概四五十歲；佢着住夏威夷袖同短褲，露出嘅兩隻前臂都有密密麻麻嘅經文刺符，包括埋手指每一節上面，最少我睇到嘅有泰文又有高棉文；最搶眼就係佢頸上嗰揪佛牌，一條鏈都穿咗五隻，何況仲唔只一條咁少。驟眼睇呢身造型會以為佢係嚟香港玩嘅東南亞遊客。

佢一手就指過嚟。「你自己講過乜嘢你最清楚啦！」

我抬起頭望住佢講：「我就靠把口搵食嘅，日日都講過咁多嘢，你講到唔清唔楚，我鬼知你講邊單呀？樣樣都要記住我咪好唔得閒？」

明顯佢聽得好唔順佢耳，一拳就打落張枱度。「你講邊撚個神棍呀？

邊個冇料到呀？吓？你講乜撚嘢呀家陣？」

附近僅餘幾個仲未收檔嘅師傅，離遠望都知佢哋伸隻耳仔埋嚟聽，當然唔會諗住幫拖。

我突然諗起冇耐之前做過嘅一個女性客人向我哭訴，好大可能同面前呢條友有關，因爲佢所形容嘅所謂師傅有啲相似。

「哦！大概都估到乜事嘞。莫非你就係嗰啲冇料到充大師嘅神棍其中一個？」

「細佬，大家都係行家……」

佢一咁講，我即時撳停佢。「閘住！你唔好亂講嘢，我唔係你，我先唔會借故同啲客剝衫做法事㗎。」

「冇料到丫嘛？就畀啲料你睇睇。」佢講完呢句，喺褲袋到拎咗個大餅出嚟。

「搞乜嘢呀你？」到呢刻我都仲未知乜事。

見佢口中唸唸有詞咗一陣，然後一下揼地，同時暴喝一聲，雙手食指同拇指一齊揑住個大餅運勁，個大餅就畀佢差不多撕開兩半，得少少仲未斷。

大概知面前呢條友應該係修法科嗰亭，但唔知佢係邊門邊派，又似係夾咗啲東南亞法術之類，乜都有啲咁。

佢將呢個已經爛咗大餅放喺我面前，示意我檢查。我仔細咁睇然後放咗上手，硬度同質量毫無疑問係眞嘅香港一蚊大餅。

我放低個大餅喺枱面。「退一萬步，就當你呢個唔係魔術，咁撕開咗個大餅又代表咩呀？」

「你話我冇料到丫嘛，咁而家咪晒啲料過你睇睇囉。」

我雙手一攤。「咁……然後呢？呢啲所謂技能可以用嚟做乜？唔代表你唔係神棍喎。」

佢再次伸出食指，前後擺動。「今晚就收你檔，你以後唔使喺度搵食嘞，收唔到你檔我將自己個姓調轉嚟寫。」

我喺之前嘅某篇已經提及過，我對法科同巫術從小就好有興趣研究。多年以來夢昧以求嘅「實驗對象」，竟然喺幾年後唔使自己搵，就有一個自己走嚟自願送上門。

「哦？你係先好喎……」我即時企起身，準備迎戰，指向廟前烏燈黑火嘅公園仔。「……唔好煩嘞，去嗰邊拆掂佢啦。」

我洗幾下副牌，cut 一下睇睇對方乜嘢料：

Fool

我咔一聲笑出嚟，原來係傻佬嚟，但係都唔可以輕敵。我將啲枱櫈拉埋一邊，然後同佢一齊行去公園仔方向。

沿途中，睇佢行路時嘅脊椎姿勢同雙手擺動幅度，佢應該唔係經常運動嘅人，練武就更加唔似。如果有徒手撕開大餅嘅能力，佢應該係有啲嘢。

廟前呢個公園仔裏面冇乜燈，仲要冇閉路電視，係一個適合做唔見得光嘅事嘅場地。

我望左望右，確定佢冇其他同伴埋伏後就問佢：「……聽過人講，你哋啲法科弟子寄鐵板，上咗僮就銅皮鐵骨，過刀都冇事㗎可？」

「啤，我都唔係佢地嗰瓣……不過我地『靈山派』一樣得，仲堅揪過佢哋。」佢啲語氣非常輕佻，甚至講得上係鄙視。

「咁就得，就睇吓你係咪眞係夠料食得起。」

我不由分說，擺明係先發制人，一下泰式低掃踢就斬落佢左邊膝彎位度，低沉嘅「啪」一聲卽時響起，佢個面口立卽唔同哂，額頭冒緊冷汗，腳都彎埋。

「你……眞係食得起？使唔使俾啲時間你上僮呀師傅？」

「我……得！」佢呢兩個字叫得有啲勉強。

算，做吓好心，當做善事。「一分鐘夠唔夠㗎？」

「半……半分鐘夠做有凸！」

雖然佢把口講到咁勇猛，但我自己就好懷疑。「我畀夠一分鐘你上齊哂啲祖師爺，等你冇得賴。」

於是我就喺到開始同佢報數。「一……二……三……」

喺呢六十秒內，見到佢又唸咒又揼腳又結手印又寫花字，差不多乜招都出齊咁滯；如果有紙筆喺身，我諗佢應該會畫埋符；畀多杯水同打火機佢的話，好可能會飲埋符水都未定。

「……廿八……廿九……三十……三一……」

過咗半分鐘，佢仲喺度揼蹄揼爪，鬼殺咁嘈，都話咗佢唔夠用㗎啦。

老實講，正所謂「屎波多架生」，無論係邊瓣技能都好，眞係夠料嘅人只用一兩招去解決件事，而唔使一堆嘢一次過推晒出嚟。

「……五八……五九……六十。」

一數完，泰式低掃再次斬落佢嘅膝彎位，都費事同佢講咁多。今次佢紮行個馬去頂，咁就知佢完全硬食，見到都覺得痛。

「好似勁咗咁喎。」今次佢隻左腳難得冇摺埋，莫非眞係有料到？

「踢得咁過癮丫嗱，而家到我嘞。」

佢氣勢洶洶咁行過嚟，我褪後兩步，擺好架式準備開打之際，佢突然「砰嘭」一聲成件跪低咗，原來佢頭先只係死頂，而家隻左腳終於頂唔住而發軟蹄。

「阿師傅呀，兩腳咋喎，你都食唔起呀？咁樣叫有料到？」

條友一邊攬住隻腳一邊口震震咁講：「你……拜嗰啲神影響到我！」

我聽到眞係忍唔住恥笑佢：「幾廿歲人好心你咪姓賴啦！我冇拜神㗎……」

同一時間，知先發覺佢左膝正面紋咗個「印特哥」。

「……『印特哥』都保你唔住，你係咪要檢討一下自己係咪做咗乜嘢衰嘢，所以唔保你呢？」

呢個「印特哥」泰國刺符，又稱爲「盤龍八吉祥」，外形似一個藤球，主要功用係擋險避災，甚至有講法係用嚟擋子彈都得，好多警察、保鏢、軍人等等從事呢類高風險工作都適合，當然有好多撈偏嘅都會刺呢個刺符。

佢一手攬住隻腳，另一隻手就猛拍大髀，試圖起身，當然最後企唔到。目測應該冇斷到骨，呢兩腳嘅力度未至於有咁大威力。

「而家只係畀少少教訓你，唔好畀我知道你再搞啲女，否則下次唔只咁小事。」

條友仍然一臉不忿，只係怒啤我。

我突然諗到樣嘢。「你個樣咁唔忿顛，唔好話我唔畀多個機會你……」我摳咗自己幾條頭髮，然後喺褲袋攞張紙巾包住佢，再塞落佢衫袋度。

「袋穩佢呀……武鬥你擺明唔掂丫，降頭又好，飛符又好，你點都掂過我㗎哇？我任得你搞，卽管搞，你搞到我先算。你搞我唔死，以後唔好畀我再見到你，否則見鑊打鑊……丫，爭啲唔記得……你返屋企掉轉自己個姓寫一千次，然後燒畀祖師爺呀，清唔清楚呀？係你頭先自己講㗎。」

我冇再理到佢，返去架步執埋啲嘢就走。拖車離開時，仲見到條友仍然坐喺地下拍自己隻腳。

第二日我打畀返之前同我哭訴嘅女客人查詢一下，根據佢嘅形容應該係同一人，睇嚟冇乜可能會點錯相。

「喂小姐，妳做乜搬返我講佢嘅嘢畀佢知唧？」

「嗰陣……我諗住鬧佢丫嘛，所以咪咁講囉！ Sorry 呀。」

眞係畀條女吹 Q 脹，乜咁大個人都唔醒水㗎，聽完自己知就算啦，仲要講返畀對家聽做乜嘢？呢條女蠢成咁，俾神棍昆只係爭遲定早嘅事，所以我都係無謂再怨佢。

「唉，算啦。而家就當買個教訓，唔好蠢到再走返去就得，否則我唔會救妳呀我話妳知。妳最好就去報警，但睇妳個款都係淆底居多，報唔報警妳自己再考慮淸楚啦。」

「呀……我……都係再諗吓先啦。」

講得「都係」同「諗吓」，諗吓諗吓自然就唔會做，預咗佢會咁，咁呢個都係佢自己嘅決定，我身爲局外人都無謂再加把口。

至於我自己……到家陣寫呢篇文嘅廿幾年後，都冇中降頭嘅跡象，人生咪又係咁過。我對呢類法科降頭 we wun 嘢其實係半信半疑，當然條友本身就冇料到絕對唔出奇，就當我未見識過堅嘢啦。

在下移居台灣後，先至再次接觸到「靈山派」嘅資料同事蹟。呢一派其實唔算得叫做個別一個門派，甚至連道法都講唔上，只係有堆人鍾情去唔同地方嘅靈山打坐、接靈等通靈活動，而接靈時會起乩、靈動，會不自控咁掚手掚腳，或者似一啲舞蹈姿勢，又或者動物猛獸形態，就係之前佢喺廟前公園仔度表現出嚟嘅奇怪行爲，搞搞吓佢哋就用「靈山派」嚟自稱。

嚴格嚟講，佢哋並非任何一個宗教或派別，亦唔係一套修行系統，咁自然就冇任何一個代表人物或者領導人物。咁樣呢個毫無拘束、毫無教條、簡單到甚至可以自創嘅「提升」心靈同所謂「高靈」接觸方法，其實同而家好多 newage 活動好類似，只不過形式上偏向道法嘅味道。正正因爲咁，後來呢啲「活動」都俾各種嘅類宗教組織吸收同利用，左溝右搭各種嘅宗教元素做「配料」，再創造咗唔少分支分派出嚟，然後又自成一派。例子有幾年前喺 fb 見到嘅有「無極門」，佢哋除咗溝咗啲漢傳佛教之外，連基督宗教都納入其中，仲自創一堆名號，例如「無極阿彌陀佛」、「盤古欽差文殊菩薩」、「盤古彌勒佛」、「無極聖母瑪利亞」等等，猶如自助餐模式，大雜燴樣樣有啲，鍾意要邊樣就唸邊個名號。

而搵我尋仇嗰個傻佬嗰瓣，就連泰佛甚至東南亞巫術都納為己用，睇嚟似自己亂溝一通未成形嘅新興宗教初始狀態，連類似「無極門」嘅規模同系統都未成形，總之一句就係「亂 Q 咁嚟」，七國咁亂，遇上呢啲類宗教組織要好小心分別，以免受騙；何況仲有啲奇怪嘅身體接觸，尤其係帶有性意味的話，就更加要加倍謹慎。

卅四 · 我嘅柔術恩師

「你……做完個客先丫。」佢突然喺我枱邊出現，指一指面前坐喺度嘅客人，個客忍唔住擰轉頭望一望佢。

「……」我抬頭，以爲自己睇錯，再定一定神，先肯定自己冇認錯人。

喺眼前就有一個六十幾歲嘅大叔，仍然係保留住一臉髭鬚，但已經連同頭髮變成全白，而身形比之前清減到一個令我懷疑嘅地步。我冇見佢好耐，佢仍然保留住一口夾雜住日文腔嘅半粵語半英文，咁多年佢仲係改唔到。佢企喺我前面幾步嘅距離，站姿依然同十幾年前一樣穩健，佢根本就係一個武士。

五分鐘後，我同客人講多幾句後，交低相金就自行離座。佢坐埋嚟，我立即起身向佢鞠躬。

「Sensei。」

日文嘅「sensei」，漢字寫成「先生」，翻譯成中文就係「老師」。我讀書嘅時候，並唔係叫老師 Miss 阿 sir，就係叫「先生」，係後來唔知做乜突然要改。呢方面日本比所謂嘅正統漢語嘅粵語傳承更加保留得到，我相信而家香港已經冇乜人再以「先生」稱呼傳授技藝嘅高人。

老師係日本人，佢本身做旅遊業，年青時喺香港日本兩邊跑。有一日，佢突然話要返日本，咁就冇再返過嚟，直到而家。

佢搖搖頭。「我都講過，你唔好再咁叫我。」

計起數上嚟，佢係我嘅柔術師傅，但唔願意人地叫佢「sensei」，因爲佢總覺得自己成日唔喺香港，未盡到 sensei 嘅責任，有愧呢個稱呼。

老師將四指向下擺動，示意我坐低。

佢拉開張櫈。「十年冇見，終於都見返你，你仍然都係呢個樣，冇變啊。」

「老師，你點知我喺度？你幾時返咗嚟？」

佢坐低繼續講：「半個月前已經返嚟。尋日我經過呢度，先知道你喺廟街呢度擺檔，但係見到你好多人要招呼，所以當時冇打擾你……今日又經過，只得一位客人，我就過嚟探你。」

「呢十幾年，你都喺日本，冇返過嚟？」

「係呀……本來想嚟，但眞係唔得啊，要經常睇醫生，唔行得開。」老師拍一拍自己心口左邊位置。

「嗰陣到而家啦喎，好啲未？」

「我年紀都大啦，冇用啦。咁多年來，一時好一時壞，咳咳。」老師一邊咳，一邊掩住個口，但好難掩飾到佢身體問題嘅嚴重程度。

我遞卷廁所俾佢，同時問：「醫生點講？」

師傅搖搖頭。「醫生話我已經好好，十幾年都仲係咁，控制到已經好難得，但年紀越大就只會惡化落去，叫我做好準備。」

「你病成咁仲嚟香港？」見佢咁唔精神，明顯監硬撐落去，我不得不皺起眉頭。

「太耐冇嚟香港，我想探吓呢度啲老朋友，於是我返嚟囉。之後我都返去㗎啦，今次真係辛苦……啊。」佢又攞咗兩三格廁紙抹咀。

我好愕然，冇諗過咁都見得返佢，以為佢再冇機會返嚟香港。

佢指指我手上副塔羅牌。「乜你原來識占卜㗎？之前你冇提過。」

「為搵食啫。」

「可唔可以幫我占卜？」

「老師，當然可以。」我即時將幅牌喺枱面上洗勻。

「我想知……我仲可以堅持到幾耐？」佢指一指自己心臟。

我眉頭一皺，猶疑咗一下。「真係要睇？」

我右手由左至右，一次過將牌扇開。

「武士係無懼死亡，我只係想知自己嘅極限。」

雖然佢身體比之前更衰敗，但仍堅守武者對死亡嘅無畏精神。

「請抽六張牌，俾我。」我同時攤出右手，示意老師將牌放到我手上。

權杖四 - 權杖三 - 倒權杖 Ace - Hanged Man - 倒寶劍四 - The Moon

開牌嘅結果意料之內。「五個月至半年後，身體開始支撐唔住；十個月後，可能已經冇活動能力；一年後應該到極限。」

老師聽到之後，不愁反笑。「哈，眞好，仍然睇到下年嘅櫻花……香港有冇櫻花？」

「冇，未見過。」

「眞係可惜。有機會你要去日本睇睇。」

我地兩個相對無言。大約都明白，今次見面好可能係死別。

「你……幾點收檔？」

我打開記錄客人預約嘅筆記簿望咗一眼。「十點半最後一個客，十一點可以收檔。」

「好，我地上最後一堂。」

我開頭以爲係同我去宵夜，冇諗過會變成咁，不過我冇拒絕嘅藉口。「請問邊度？」

老師擰側個身，左手指住天后廟。「上面。」

喺天后廟後面，有一個差不多同廟咁高嘅公園，由隔離衆坊街或彌敦道有樓梯可以上去。冇乜人知道有個咁嘅地方，所以好多唔見得光嘅事都喺呢個地方發生。

「我……冇道袍準備好喎。」

「哈！」佢嘅笑聲依舊響亮。「實戰嗰陣要先穿道袍嗎？你喺呢度同人打，有先着道袍嗎？」

「係，冇嘅。」我耷低頭，原來有啲基本嘅本質我竟然遺忘咗。

「十一點，我喺嗰度等你。」佢起身就走，獨自離開。

另一個已經 book 咗嘅客人嚟到，我要先處理，都未有心情研究老師突如其來嘅狀況。

十點四十五分，客人離開。我啱啱執緊個架步正想收檔之際，有人敲我枱面。

「老友，頭先幾好生意喎，一個駁一個咁。」

我望一望佢，見到有條一身臭味，門牙冇咗一隻嘅後生打壞阻我去路。一望個格，就知係專搵怕事嘅檔口去收陀地嘅廢物，喺之前嘅篇章我都提及過，呢種渣滓我一向都好討厭，我唔會對佢哋手下留情。

我以恥笑嘅口吻同佢講：「一睇就知你一表人才，明顯你老母好生意過我啦，係咪先？」

佢即時拍枱。「屌你老母你講乜撚嘢呀？」

「想收我陀地呀？我唔俾的話你咬我食呀？」

佢縮咗一縮，可能係冇諗過我咁寸。「你係先好講。」

架步全部嘢已經執晒上車仔，我準備離開。

「屌，得你一條友，驚你有牙呀？有薑你咪跟住嚟囉。」都冇理呢條打壞嘅反應，我先拉走。

「你因撚住呀細佬，睇路呀。」佢一邊手指指一邊就行開去，睇嚟唔會就咁算數。

呢啲打壞爲咗 take 嘢，只會睇錢做人，見到可能有搵錢嘅機會，就算幾唔合理或者風險稍高都好，佢哋都照冒險去做。呢條友見我咁堅決，但係又等錢使，不過得自己單拖，自然就要用上第二啲方法。

我上去平安大廈擺返好啲枱櫈之後，就行去衆坊街公園。

夜晚十一點，公園已經熄哂街燈，得幾盞好細嘅燈柱同彌敦道嘅路燈着咗，勉強照住呢個好多人經過但極少人行入嚟嘅黑暗地方。喺呢個氣氛同特殊嘅地理環境，最適合做一啲唔見得光嘅事。

老師早就喺涼亭坐低等緊我。

「你終於嚟咗。」

「老師。」我再一次向佢鞠躬。

「有啲驚喜俾你，如果今晚你過得到我呢關的話。」佢指一指放喺涼亭棋盤上嘅單孭袋。

我對袋中嘅嘢疑惑。「係……乜嚟？」

「古流柔術四大技法，係邊四類？」

「『投』（投捽技）、『逆』（關節技）、『絞』（絞技）、『當』（打擊技）四類。」

「我一向都冇教過你『當身技』（打擊技），知唔知點解？」

我擰擰頭。「唏，我一向都覺得柔術嘅『當身技』，早就過時。」

「唔……其實你講得都冇錯……」佢語氣有啲無奈繼續講：「……何況

當時你都唔肯學，只學咗『投』、『逆』、『絞』呢三大基本技法。」

「咁老師你都知我之前學過其他武術吧。」

「我只知你學過泰拳同合氣道……我返日本之後，你仲有冇學過其他流派？」

「截拳道、柔道。」

老師拍拍我膊頭。「好好喔，已經好好，你仍然有努力喔。之前我唔強制你學，因爲打擊技的話，你早就識咗好多，但到而家，我不得不傳授俾你。」

「多謝老師。」老師而家嘅身體狀況，佢願意教，已經要感恩。

「開始嘞，留心。單用『當身技』攻擊的話，威力發揮有限，如果配合埋『投技』、『逆技』、『絞技』混合使用的話，先發揮到最大嘅效果……」

我聽從老師嘅指導學習『當身技』，先發覺以前睇少嘅技術，喺適當嘅時機使用，威力可以好恐怖。

「啱呀，就係咁……左手卷住受方右臂嘅同時，右掌底就係咁打上去……」

老師不斷餵招俾我，我以招式回敬返俾佢，就好似十幾年前上佢嘅堂一樣，大家嘅認眞同鬥心依然冇變。

呢個鐘頭嘅對練，佢明顯想將自己所知嘅技法傳授俾我。我唔會記得咁多，只能集中精神，用盡自己記憶力，有幾多記幾多。

一個鐘後，老師仍然想教落去，但睇嚟佢嘅體力唔太負荷到。

「老師，不如你先休息一下，我自己繼續練習。」

我遞枝水俾佢，佢點頭示意，走返去涼亭度坐低休息。「我係咪比十年前更弱？」

「老師，你同之前一樣厲害喔。」心知佢因為心臟問題變成咁，我亦唔忍心講實話。

「冇變得更強的話，就已經係變弱……你反而比以前強。」

突然，聽到有幾個人嘅腳步聲，好急促向住我地方向行緊過嚟……

「呢三位……係你朋友呀？」

老師指住我後面。我擰轉頭睇，有三件打壞原來已經企正喺我後面。

我對住佢地講：「啱啱遇着剛剛，你好死唔死而家走上嚟，六合彩又唔見你咄中……」

果然頭先條打壞仲未咁輕易放棄，佢帶住另外兩個我未見過嘅人跟住上嚟。但呢個時間佢哋先嚟確實啱啱好，正正可以用佢哋嚟試招，呢個就係我嘅目的。

老師露出一副疑惑嘅樣。

我再同老師解釋：「中間嗰位一個半鐘頭前先識……」我用水淋向自己個頭去降溫。「……但係，佢唔可能係我嘅朋友。」

老師卽時心領神會，明白我嘅意思。「佢哋嘅殺氣好重，似乎你同之前一樣，都係咁惹事非啊。」

我笑住講:「係啊，所以喺廟街有呢啲廢物喺度，我仍然冇退步過啊。」

「細佬，今晚我就睇吓你有幾鳩屎。」

崩牙佬話音剛落，右手捉住我左邊襟口位。都唔難估到，跟住佢左手就會向住我個頭打過嚟。當刻我諗到嘅係，啱啱練到嘅一招剛好可以現學現賣。

我左手即時卷住佢右臂，右手隨即握成「熊爪」，放喺佢心窩位置，然後由下而上，沿住人體中線，貼住心口一直鏟上去，以下巴爲目標。

崩牙佬左手都未打出，就畀我呢下掌底打到成個頭昂高，滿口牙血，我完全冇諗過掌底原來可以咁樣用法。

老師望住我，冇任何表示，甚至面上冇顯示任何表情。對佢嚟講，打鬥係家常便飯，尤其係佢年青嘅瘋狂日子，呢啲佢只會覺得係碎料。

另外兩條友冇諗過會突然變成呢個局面，同樣呆咗，唔識俾反應。

其中一個清醒少少，呆咗兩秒先開始識得反擊，不過佢啲攻擊都係亂嚟，毫無章法，雙手亂抓一通，混亂之下佢兩手捉住我兩邊衫袖。

又係現學現賣嘅時候，我雙手即時提起抱頭，左右肘尖向前刺出，雙腳同時發勁，直撞向佢胸口。下個畫面見到嘅係佢坐咗喺兩米過外嘅地面，同時聽到佢一聲悶叫，狀甚痛苦。

老師依然如舊，食花生睇好戲，表情茫然。

我望向第三條打壞，佢依然呆若木雞，唔好話抱頭抵擋，佢連褪後兩步回避嘅反應都冇，更何況係幫拖。

我殺得性起，回身踏一大步就閃到佢身面，右手執住佢後腦嘅頭髮，而另一手揸住佢右耳，兩手同時向下扯佢個頭落嚟，正想右膝右肘同時直攻佢面門同後腦之際，老師終於開口:「停啦，打死人要坐監㗎。」

呢條打壞眞係有運，好彩我剎得切掣，我嘅右膝離佢個鼻只有兩厘米，我嘅右肘離佢後腦嘅距離都係一樣。呢一膝冇頂出去，硬生生收返，咁呢隻腳唯有向後踏一步，只係以自己踩住地面嘅左腳做軸心，身形一偏，向右一扯，利用離心力將佢向我右後方擩出去就算，總比食我一膝一肘嘅殺傷力輕微得多，不過最終佢個頭撞咗落涼亭旁邊嘅石櫈度，還好係冇爆缸。

老師終於開口：「你爭少少就唔合格過唔到關，好彩你停得住。」

「我合格就得。」

三條打壞變咗三嚿蕃薯喺地下滾動，崩牙嗰個崩得比之前更厲害，原來另一隻門牙都畀我頭先嘅掌底打甩咗，佢個相頭變得更加滑稽惹笑。

我踎喺地同佢講：「我唔怕你再嚟我個架步度收陀地㗎，下次即管叫多啲人嚟啦，不過爲咗少少錢就 call 馬嚟收，茶煙飯炮就唔少得㗎啦，你自己諗吓値唔値囉。睇你都應該出嚟碌咗唔少日子，條數識得點計㗎可？」

「唔……唔好啦大佬……以後都唔敢啦！」條友耍手擰頭。

我執起佢甩咗出嚟嘅門牙放喺佢手上。「你自己諗啦，下次見到我就好運路走啦，聽唔聽爬呀？而家好行啦，我可能好快就改變主意㗎，你知呢度冇人救到你哋㗎可？」

三條友連仆帶爬咁走咗去，臨尾仲聽到其中一個落咗一半樓梯時仆街直碌到底嘅慘叫聲。

公園再次變得寧靜。

「呢個就係你喺廟街生存嘅法則。」

「老師你應該都知道，廟街係九龍城寨嘅街頭版，所以我喺度開檔，冇可能會變弱喔。」

「同我以前喺大阪好似……我明白晒。」

老師打開行裝，拎咗一條黑帶出嚟，見到上面有我個名，仲有個卷軸。

「『免許秘傳』。頭先你所學嘅招式都係本流派嘅秘傳，以後可以代表本流派傳授弟子。」

聽到老師咁講，我超級驚訝，不期然退後兩步。

「有乜問題？」

「老師，我唔接受，因爲我自知唔夠資格，請你收返吧。」

老師雙手擺後，挺起胸膛。「你頭先嘅表現係我意料之外喔！對付第一個你使出『卷外·震嶽』，之後對付第二個你用上『兩手捕返·双鬼角』，而第三個你已經用『牛捕』控制咗對方，只係跟住落嚟嘅『獅子噛』畀我叫停咗，最後轉用『首投』摔低佢。你只係上咗短短一個鐘嘅堂，就可以用得出當中嘅兩招半，仲刻意唔隨便使出『秘傳』中嘅招式，已經算非常厲害，你絕對夠資格啊。」

呢個流派嘅分級方法係將基本嘅技術列入爲「初傳」、「中傳」、「上傳」

三種，程度類似於其他武術嘅色帶階段；之後嘅「奧傳」、「秘傳」、「總傳」爲中級階段，類似於其他武術嘅黑帶初段至五段嘅程度，但三組技術互相獨立，無分高低，各有唔同規矩要遵守；至於「皆傳」係要習得「奧傳」、「秘傳」、「總傳」三項全部習得先有資格獲得；最後嘅「極傳」係秘密中嘅秘密，要成爲本流派嘅最高師範先有權由上任最高師範習得。

「老師，並唔係咁……」

「你……係指乜嘢意思？點解你覺得自己唔夠資格？」

「因爲跟你學習嘅時間實在太短，『秘傳』中嘅招式亦未學齊，我覺得自己遠遠未到可以教授俾其他人嘅程度啊；更何況，我所用嘅招式同法度，亦唔只係限於本流派。」

老師拍拍後腦，皺起眉頭。「其實實戰就係咁，一個人同時使用唔同武術嘅招式，唔需要刻意分開。不過，我剩落嚟嘅日子已經唔多……」

「最少一年嘅修行時間，我先願意接受呢個『免許秘傳』資格，希望老師可以理解。」

「我明白你意思。不過，你實戰嘅程度，黑帶嘅資格你已經足夠有餘，所以請你先接受吧。」

老師將卷軸收起，只將黑帶交俾我。我接住黑帶嘅時候，其實都覺得自己資格唔多充分，但總比接受「免許秘傳」呢個階位合理得多。

「多謝老師。」

老師拍我膊頭一下。「而家有呢條黑帶，你可以傳授『初傳』、『中傳』、『上傳』俾弟子。」

「我暫時唔會收徒弟啊，我仲想繼續修行。」我一邊講，一邊將黑帶縛上身，先發覺到上面繡咗我個名之餘，稍下嘅位置仲有「玄能」二字。

「『玄能』，係你嘅『武號』。」

「武號」係古時武師嘅別名，類似於表字、號，日本都有沿用，有部分派別要弟子到達某個程度，師傅先會幫佢地取號，意思係「武技已到達另一境界，就好似人重生一樣要改名」。

「『玄能』嘅意思……係？」

「我唔講，你自己去查，同你自己有關。」

「好……多謝老師。」

我勉強接受咗呢個武號，但仲係一嚿雲，未知其義。

思考之際，老師又問我：「點解你同我年青時一樣，都唔願意收徒弟？」

「因爲我唔係一個好老師，自知能力不足以教人啊。」

老師沉思幾秒後問我：「後晚我就要返日本，聽日再上一課，你支持得住嘛？」

「老師，當然可以。」我當然冇拒絕嘅理由，因爲呢堂我唔上的話，怕且以後完全再冇機會。

「好，呢度係一個好地方，聽晚六點再喺度練習吧。」老師望住九龍壁點點頭。

第二晚……應該係最後一晚嘅堂，比之前嗰晚更辛苦更嚴苛，但絕對值得。

「『秘傳』嘅所有內容，我所知嘅已經教晒俾你，冇啦。」

老師一邊講解，我一邊盡力用筆記簿以自己嘅方式抄低，避免好似上一晚咁只能依賴大腦記憶所有內容。

「你最大嘅優點係，可以將本流派嘅技術以現代技擊方式應用嚟嘅方法，呢點我都做唔到，因為我係不中用嘅老古董……呢啲事要由年青一代去做啊，例如你。」

我停低枝筆。「但係咁樣唔會變得雜亂咩？」

「流派要進步，就要不停有新嘅概念同技術加入去，否則就被淘汰……」老師以雙手模擬持太刀嘅姿勢繼續講解：「……正如而家冇人再拎住太刀去實戰，反而係一堆奇怪嘅暗器變得實用……『時間嘅巨輪』應該就係呢個意思吧。」

「明白，老師。」

好多古代嘅武術，到現代已經無影無蹤，好似從來冇存在過，可能呢個就係其中一個原因。

「嗯。希望一年後，我可以將『免許秘傳証』親自交俾你，呢個係我哋嘅約定。」

「好，我哋會再見。」

老師忽然轉話題。「你副塔羅牌喺唔喺度？」

「有……」我行返去放喺涼亭嘅背囊，拎副牌出嚟。「……你有乜嘢想問？」

「我想問……我哋會唔會再見面？」

呢個問題佢問得好簡單，但對我嚟講有無比壓力。

我快速洗好副牌，交俾老師。「你就抽一隻俾我吧。」

佢都冇任何猶疑，就隨手抽一隻交到我手上：

逆寶劍 Ace

眞係有啲難以出口。「似乎……開頭以爲可以，到最後唔得。」

「我呢把『生鏽嘅太刀』』會盡力。」老師指住牌中嘅寶劍。

「先生，ありがとうございます。」我向老師最後一次鞠躬。

一年後，老師並冇任何返嚟香港嘅消息，大概都係預計之內嘅事。老師嘅離去絕對係非常可惜，但對我嚟講，學到嘅技術比卷軸中嘅階位更爲重要，可以講得上受用無窮。

雖然我有傳授嘅資格，但我冇以呢個流派名義去教班甚至收徒，反而係將呢堆技術融入自己嘅武術體系當中。呢幾年我公開教授嘅 Mjolnir Combat System，當中一部分主要技術同心法就係由此得嚟。

幾年後，我先知「玄能」嘅眞正意思。我搵過好多中文典籍都冇發現，原來呢個根本唔係中文，係日文專有用詞，係指「大鎚」，因爲我發揮得最好嘅其中一招，就係握拳由上而下嘅攻擊，呢招個名正正就係叫「鉄鎚」。佢呢個心思眞係大到我呆坐當場。
正所謂「恩師永銘記 ，師恩久難棄」，老師係在下武術經歷上其中一位好重份量嘅人，我相信我哋總有一日會相見。

多謝，毒島老師。

XIII
DEATH

算命師不想讓你看的書 自己的命自己算

【命理玄學與數據科學的跨世紀聯姻】認知神經科學研究發現，人生目標實則建基於潛在神經迴路與計算過程，且多爲與生俱來，如直覺或深思熟慮，皆難以後天改變。這看法跟八字完全一致！八字命理中，有許多「公式」，本書旨在整理科學證實者，並公開一些未經證實卻極準確的經驗法則。

- 讓子女愛上讀書
- 選對適合自己五行的行業
- 外出升學決擇
- 探討升官發財的運勢
- 命中有多少段婚姻？
- 從命局看伴侶出軌
- 看分手挽回的玄機

作者：星巴克的博客
定價：HK$138
國際書號：978-988-70098-6-3

末世大預言 世界預言家與陰謀佈局

2025 年是各國各界別特別關注的一年，各種預言四起。
究竟這些預言是神喻，抑或危言聳聽？

- 《聖經》末日預言：以西結戰爭有何徵兆
- 木村秋則遇外星人，得知「地球曆終結」的日子…
- 漫畫家從預知夢看見 311 大地震，更預言 2025 年 7 月日本發生大海嘯…
- 美國先知揚言馬德里斷層將有大地震、外星人抓走基督徒…
- 2026-27 會出現天災人禍的赤馬紅羊劫？
- 「光明卡」一早透露特朗普會遭到暗殺？
- 《經濟學人》封面準確預測世界局勢？
- 盲婆龍婆逝世多年，她留下了有關世界命運的預言嗎？

作者：關加利、程明暉、森吾一、列宇翔
定價：HK$188
國際書號：978-988-70099-7-9

百利占卜師實錄

作者　　：吳十三
出版人　：Nathan Wong
編輯　　：Takki, Nathan
設計　　：Takki
出版　　：筆求人工作室有限公司 Seeker Publication Ltd.
地址　　：觀塘偉業街 189 號金寶工業大廈 2 樓 A15 室
電郵　　：penseekerhk@gmail.com
網址　　：www.seekerpublication.com
發行　　：泛華發行代理有限公司
地址　　：香港新界將軍澳工業邨駿昌街七號星島新聞集團大廈
查詢　　：gccd@singtaonewscorp.com
國際書號：978-988-70098-8-7
出版日期：2025 年 7 月
定價　　：港幣 128 元

PUBLISHED IN HONG KONG